Colección Langue LAcanianne
Editor-Propietario: Ricardo Vergara
Compiladora: Macarena Iralde

Macarena Iralde
Compiladora

POR QUÉ LACAN?

Eduardo García Dupont
Cristina Lospennato - Eduardo Pellegrini
Macarena Iralde - Andrea K. Pérez
Luciana Nieto - Ignacio Orga
Rafael Silva - Javier Torres
Franco Vago - Vanina Ciampa

Ricardo Vergara
Ediciones

Iralde, Macarena
    Por qué Lacan / Macarena Iralde. - 1a ed.
- Ciudad Autónoma de Buenos Aires : RV Ediciones, 2021.
    114 p. ; 22 x 14 cm.

    1. Clínica Psicoanalítica. 2. Psicoanálisis. I.
Título.
    CDD 150.195

Coordinación de Producción y Edición: Ricardo Vergara
Colegiales, Ciudad de Buenos Aires
Te: (011)-15-6231-2760
E-mail: edicionesvergara@gmail.com
Instagram: @vergara_ric
Facebook: Ricardo A. Vergara

Para comunicarse con la compiladora
Lic. Macarena Iralde
E-mail: macarenairalde@hotmail.com

Ciudad de Buenos Aires, República Argentina.
Queda hecho el depósito que marca la ley 11.723.

Impreso en Argentina - Printed in Argentina.
Octubre 2021

Índice

Introducción

"Sean ustedes lacanianos, si quieren. Yo soy freudia-
no. Por eso creo adecuado decirles algunas palabras
del debate que mantengo con Freud, y que no es de
ayer. Aquí está: mis tres no son los suyos. Mis tres son
lo simbólico, lo real y lo imaginario. Me vi llevado a
situarlos con una topología, la del nudo, llamado Bo-
rromeo".

Jaques Lacan.

Abrir el juego a la escritura y a la investigación, es ciertamente, una de mis ocupaciones favoritas. Cuando el editor
propuso la pregunta del por qué Lacan, un camino familiar y
certero se abrió para mí.

Desde que comencé a estudiar Psicología y más aún cuando decidí ser psicoanalista, las teorizaciones de Jaques Lacan
aportaron una vuelta necesaria para la clínica y para pensar el
psicoanálisis, que el grandioso Freud había creado.

El saber es siempre razón de movilización, y movilizarse
hacia nuevos saberes, es parte de nuestra práctica. Los aportes de Lacan han sido ciertamente lo que nos ha permitido
avanzar, dándole un estatuto diferente al pensar el psicoanálisis. Indispensables en la época dónde la diferencia sexual
está puesta en signo de interrogación constante, pensar a los
sujetos como sujetos del lenguaje, es imprescindible.

La pregunta que abre mil respuestas. Pensar el por qué
Lacan en la clínica de hoy en día es además de inquietante,
imprescindible. Lo actual está teñido de interrogantes, a eso
vienen las subjetividades al consultorio y con esos interrogantes armamos algo o desarmamos, pero siempre en busca de
una posición más advertida con la vida.

Sigmund Freud ha sido sin lugar a duda nuestra primera orientación, su invención ha sido, a mi gusto personal, la

mejor, el psicoanálisis. Pero sin las teorizaciones de Jaques Lacan no sólo mi práctica sería diferente, también mi lugar de analizante y lo más importante aún, las versiones de lo actual.

En este libro que me enorgullece compilar, encontrarán maravillosos autores que darán cuenta de la relación con la música y el psicoanálisis. También analistas investigando sobre los fenómenos de la actualidad en la violencia, la mujer, el hombre y las teorizaciones de Lacan, como respuesta a los vertiginosos cambios que dichas posiciones, representan hoy en día.

La incansable respuesta del porqué ser Lacanianos no estará ausente, además de una excelente degustación de Lacan y Heidegger, más una apuesta de lo que de las teorizaciones de Freud sostienen a nuestra practica actual Lacaniana.

Ha sido un gusto personal leer a estos autores. Los invito a una lectura a detalle de estas páginas, dónde la lengua, el inconsciente donde la diferencia sexual no existe y otros temas más, nos alumbrarán al deseo de seguir sosteniendo el psicoanálisis Lacaniano como una práctica necesaria.

Macarena Iralde

Por qué Lacan?

Macarena Iralde

Sus respuestas a lo actual en lo familiar

> *"Podríamos definir el Edipo como lugar donde se historiza, en la temprana infancia, una función precisa; la necesidad de un "corte" en la relación entre madre e hijo. A saber, una función capaz de dinamizar, de hacer andar, el conflicto fundamental, evitar las fijaciones del sujeto a ese mal lugar donde constituye y erogeniza su cuerpo. Si el complejo de Edipo remite entonces al hecho de que la prohibición del incesto está inserta en la erogenización del cuerpo, es porque el sujeto se ve de entrada referido a los polos donde la relación se constituye: el padre, la madre. Y está bien hablar —decía Leclaire— de polos y no de personajes, para evitar las imágenes, soslayar esa trampa que consiste en pensar el padre y la madre en términos de caracteres o imágenes. Esos polos son funciones. Podríamos decir: la función madre, la que decíamos, determina la historia del cuerpo erógeno. Mientras que la función padre tendrá que ver con el efecto del corte, con la pérdida obligatoria del objeto primordial y sus secuelas. "*

Oscar Massota

La pregunta que invita a miles de preguntas.

Lo primero que leí de psicoanálisis en el CBC de la facultad fue un texto de Oscar Massota, me enamoré a primera leída y desde ahí supe que iba a ser psicoanalista y Lacaniana.

"Lecciones de introducción al psicoanálisis" era el texto. Un poco más de cien hojas, que para ese momento parecían mil, le daban sentido a algo que todavía desconocía.

Hace un tiempo me convoca la investigación sobre lo familiar en la actualidad, como el psicoanálisis da cuenta de las nuevas organizaciones familiares, desde Freud hasta la actualidad y es ahí en esa investigación dónde retorna mi enunciado desde los dieciocho años.

No hace mucho, menos de un año atrás, en un cartel de investigación recuerdo haber hecho esta declaración en voz alta, las respuestas siempre las encuentro en el ultimísimo Lacan.

Hace no mucho tiempo, un amigo me regaló un pedacito de Marie Helen Brousse, algo que le recordaba a cierta posición mía con el deseo asumo. Algo de lo que leí, me hizo leerme, en el escabel le dije, y algo de lo familiar recorría su discurso. No mucho después me crucé con otro texto de ella dónde el concepto de "La Parentalidad" me abrió este camino que hoy comienzo en el teclado de mi computadora.

Los asuntos de familia, ¿son inagotables?, lo que sí sabemos es dónde tienen su desagote, es en el derrotero significante que un parlêtre dice en algún consultorio de algún lugar del mundo, siempre que del otro lado exista un analista.

Ser psicoanalista es la única posición donde me permito descansar, porque es la mejor relación con el saber, el saber que no sé.

Desde este lugar escribo. Sé una técnica, tengo una escucha que no me abandona y una apuesta muy fuerte. El malestar tiene asidero aquí. En lo que hacemos.

En el cruce de lo que me convoca fuertemente que es los estudios de género y las nuevas respuestas a lo que de lo familiar en lo actual podemos pensar, la única orientación posible la encuentro en Jaques Lacan.

El psicoanálisis al que la genialidad de Freud le debe su creación, tuvo una vuelta más, con las producciones de Lacan, que en su encriptada escritura nos invita a descubrir el valor de la lengua.

Para los estudios de lo familiar en la actualidad que es encarado desde movimientos feministas en la mayoría de las oportunidades, la teoría Freudiana aparece como un monstruo heteropatriarcal que demora lo que la sociedad adelanta con sus nuevas formas de lazo.

Para ser honestos, no creo que sea así, Freud es también producto de una época y como cita Marie-Hélène Brousse "La perspectiva freudiana fue revolucionaria en su tiempo, al poner en el fundamento del orden social el asesinato del padre y el incesto, lo que en sí una blasfemia para los defensores de la moral victoriana y victoriosa del siglo XIX." (Brousse)

Pero inclusive, Freud, con su revolucionaria mirada, y lógicamente por el tiempo que nos separa de sus teorizaciones no alcanza para pensar algunas cuestiones de las organizaciones familiares de hoy en día, y es ahí donde por que Lacan se vuelve necesario, un Lacan pre-edípico.

En 1909 Freud escribe *"La novela familiar del neurótico"*. Dos páginas, solamente dos, dónde uno puede pesquisar cuestiones básicas de la teoría psicoanalítica.

"En el individuo que crece, su desasimiento de la autoridad parental es una de las operaciones más necesarias, pero también más dolorosas, del desarrollo. Es absolutamente necesario que se cumpla, y es lícito suponer que todo hombre normal lo ha llevado a cabo en cierta medida" (Sigmund, 1906-1908)

Sobre lo normal, vale hacer la aclaración que Freud, fue el constructor de la teoría psicoanalítica y como tal, muchas de sus acepciones fueron cambiando a lo largo de sus obras. La palabra normal, tan en desuso y tan mal vista actualmente, más adelante él la referirá a la conducta y nada tiene que ver con las subjetividades que carecen de algo que las normalice, siempre vertiginosas en algún punto.

Lo que trabajamos en la actualidad, son posiciones respecto al goce y nada es enteramente normal. En el sentido que todo está viciado por otros registros y la realidad o la normalidad poco tienen que ver con el modo de hacer con el otro, lazo entramado en los registros real, simbólico e imaginario.

El individuo crece escribió Freud, y ciertamente lo hace, pero desasirse de la autoridad parental, del discurso del Otro poco tiene que ver con una elección consiente o con el crecimiento madurativo.

En *"La novela familiar del neurótico"* Freud habla del fantaseo, y de cómo mediante procesos psíquicos que tienen que ver con las relaciones que se juegan dentro de lo familiar, con las rivalidades y amores a madres, padres y hermanos, el neurótico fantasea para hacer algo diferente con la realidad familiar.

En su famoso e impactante texto, "El malestar en la cultura" la insatisfacción y el sufrimiento humano se ponen a la orden del día en un exquisito recorrido que no deja por fuera lo que nos ocupa hoy. Lo familiar. "En el ámbito del alma es frecuente la conservación de lo primitivo junto a lo que ha nacido de él en transformación" (Sigmund, El porvenir de una ilusión El malestar en la cultura, 1972-1931)

En esta frase encierra el misterio del hombre y la mujer, algo de esos lazos primitivos, la teta de la madre, como explica Freud, el desencuentro con esta satisfacción instantánea que marca el principio de placer arma un desencuentro en el crecimiento que nos advierte que la realidad existe y genera displacer. Pero que necesaria para armar otra cosa.

En una revuelta sobre la historia del individuo en sociedad, arma un paralelismo entre el hombre primordial y la cultura de su época dónde marca la posición del hombre al nivel productivo y la obligación de la mujer a permanecer junto a sus hijos.

"Aquel amor que fundó a la familia sigue activo en la cultura en su sesgo originario, sin renuncia a la satisfacción sexual directa, como en su modificación, la ternura de meta inhibida. En ambas formas prosigue su función más intensamente cuando responde al interés de la comunidad de trabajo" (Sigmund, El porvenir de una ilusión El malestar en la cultura, 1972-1931) Imposible no citar su poética estructura y su franca escritura en lo que a las cuestiones del amor y la sexualidad ameritan.

¿Esa familia a la que Freud se refiere sigue activa a pesar de los embates de la cultura y las nuevas libertades en la elección del amor?. Si bien la evanescencia de la familia tal cual él la plantea es un hecho consabido. Lo que mantiene la unión sin importar el género de cada miembro de la familia se arma en relación con la satisfacción y a su contrapartida. Como vemos en los planteos del ultimísimo Lacan, de lo que se trata no es de la diferencia entre los sexos y ciertamente lo fálico poco tiene que ver con algo de la biología. La falta está en el lenguaje, y el lenguaje es lo que persiste, por fortuna, en el sujeto.

En lo que se refiere al amor, gran tema, en *"El malestar en la cultura"* Freud, habla del amor genital y el amor de meta inhibida, hace una diferenciación en como el amor genital en lo referente a la formación de nuevas familias y el amor de meta inhibida a fraternidades que como escapan a muchas limitaciones del amor sexual, alcanzan una importancia cultural.

Si salimos un segundo del año 1930 y nos adentramos en el hoy es imposible no notar que algo de esta definición tan clara para su época se desdibuja en el consultorio de los nuevos analizantes donde el amor hace una construcción mucho más amplia donde parecen correr ciertas barreras en lo que llaman el lazo sexo-afectivo.

El lazo sexo-afectivo está en boga en el discurso de los jóvenes de veinte años. El amor en su aspecto más tradicionalista, hetero, monogámico, en las mujeres la posibilidad de ser madres es algo que degradan en su discurso. Hay una pregunta para hacerse allí que Lacan en su ultimísima enseñanza responderá mejor, pero se puede pesquisar ya, en el texto de Freud de 1930. Si lo sexual y lo afectivo queda totalmente separado por Freud en el amor de meta plenamente sensual y el de meta inhibida queda preguntarse qué ha pasado en las subjetividades desde 1930 a la fecha dónde los límites no parecen estar tan claros.

"... las mujeres, las mismas que por los reclamos de su amor habían establecido inicialmente el fundamento de la

cultura, pronto entran en oposición con ella y despliegan su influjo de retardo y reserva. Ellas subrogan los intereses de la familia y de la vida sexual; el trabajo de cultura se ha ido convirtiendo cada vez más en asunto de los varones, a quienes plantea tareas de creciente dificultad, constriñéndoles a sublimaciones pulsionales a cuya altura las mujeres no han llegado". (Sigmund, *El porvenir de una ilusión El malestar en la cultura,* 1972-1931)

En esta cita ciertamente chocante para leerla en el 2021, se puede pesquisar el lugar de la mujer en la economía social y el espacio cultural como también en los asideros de la sexualidad. La mujer, y no en los términos lacanianos, no existe como sujeto del deseo, corrida hacia un espacio de cuidado, su sexualidad parece, tanto como su crecimiento intelectual retirado hacia un espacio muy pequeño del hogar.

Con los cambios socio políticos y el efecto de los mismos en los armados familiares, las mujeres comienzan a elegir y también los hombres, la declinación del patriarcado que va de la mano con la declinación del nombre del padre produce efectos, tanto en hombres como mujeres, esto está claro para cualquiera. Pero porqué se presenta esta nueva forma de lazo, porque los sexual y lo afectivo tienen hoy un lazo mucho más estrecho que en 1930. Hay un hiperpoder en lo afectivo, en el lazo de meta inhibida y el amor de meta sexual, al que Freud nombra como fundante de la familia parece más diluido.

Siempre adelantado a su época Freud no deja de sorprendernos llamando grave injusticia a que las únicas formas de elección de objeto aceptadas en su época sean las heterosexuales e inclusive llama estorbo a las limitaciones que la cultura impone también a la heterosexualidad en nombre de la monogamia.

Otra rueda más que se está diluyendo, la monogamia como única respuesta en la elección de las versiones de la unión también está puesta en jaque. Ahora las nuevas formas de amor que los jóvenes no llaman poliamor si no amar con libertad a otros sigue instalada en el significante, por lo menos en el contexto de este texto de lo sexo-afectivo, dónde no queda claro el límite entre lo amoroso y lo sexual y tampoco es claro su lazo que se separa justamente por una pausa intermedia.

Tal vez esta pausa traiga nuevas respuestas. Deja una duda por lo menos, sexo-pausa-afectivo. En ese espacio que se presta a armar otra cosa. A la versión particular que hará cada parlêtre en su pregunta particular sobre su goce.

Freud habla de la imposibilidad de una comunidad culta armada por individuos se sientan saciados en sí mismos y enlazados cultural y laboralmente, verdaderamente esto no existe, pero porque la falta es inaugural y la satisfacción plena es una fantasía, pero más allá de los avatares que cualquier sujeto pueda hacer singularmente con esto en su recorrido analítico. Hay en lo actual, como una especie de paridad en lo que a lo sexo y afectivo refiere. Esto que separa la familia Freudiana de la unión cultural se está desdibujando.

La inclinación agresiva a la que Freud refiere en "El malestar en la cultura" es menguada por pulsiones de meta inhibida que sofrenan la vida sexual y colaboran con la cuestión cultural.

Hay algo de esta narrativa que esconde detrás de diferentes parlêtres, diferentes formas de goce individuales. El desafío es escucharlas en el consultorio, destejer la trama.

Lo sexo-afectivo como signo, puede representar algo de la época es por eso por lo que la necesidad de individualizarlo según cada singularidad es central.

No tan lejos de estos avatares en el año 2021, en los consultorios podemos escuchar algo de esto, no se trata de la realidad efectiva que el parlêtre ha atravesado durante su infancia, si no de la posición fantasmática que ha tomado en esta novela. Y es justamente sobre eso desde dónde se puede operar desde el psicoanálisis. Nada podríamos hacer con que Pedro sea hijo de Juan e Inés y hermano de Sara. Pero si podemos ver que se juega en Pedro en esas relaciones a dónde ha quedado sujetado, en el mejor de los casos.

Poco de lo actual vemos en esa conformación de la familia Freudiana. Las nuevas formas de familia y el declinaje del padre, traen, nuevas formas de hacer con los goces.

Los cambios en las configuraciones familiares que vienen a cuenta de movimientos sociales que impactan en las subjetividades, se encuentran lejanos a las estructuras de parentesco de la época Freudiana.

El cambio que se venía dando antes de las teorizaciones de Freud se fue potenciando y las familias que por avances sociales fueron modificándose, también se licuaron en las subjetividades.

En el *"Reverso del psicoanálisis"* Jaques Lacan nos sumerge en una de, a mi gusto personal, las mejores obras.

Los cuatro discursos y sus intervenciones en los lazos, en las formas de gozar, amar y trabajar.

Lo familiar se trata de lazos, no de cualquier lazo, por supuesto, es por eso por lo que el psicoanálisis, ha teorizado sobre las relaciones entre el sujeto y el otro desde sus inicios, sin quedarse sólo con lo singular, por que como vemos en las nuevas formas de parentalidades, los cambios, lo colectivo hace su lugar en lo singular.

"En esa juntura de goce – y no cualquiera, sin duda debe permanecer opaco-, en la juntura de un goce privilegiado entre todos- no porque sea el goce sexual, puesto que lo que este goce designa por el hecho de estar en la juntura, es la pérdida del goce sexual, la castración -, es en relación con la juntura con el goce sexual que surge, en la fábula freudiana de la repetición, el engendramiento de algo radical, que da cuerpo a un esquema literalmente articulado. Una vez surgido el S1, primer tiempo, se repite ante S2. De esta puesta en relación surge el sujeto, representado por algo, por cierta pérdida, ha valido la pena hacer este esfuerzo hacia el sentido para comprender su ambigüedad." (Lacan, 1969-1970)

Cuando hablamos de lenguaje también hablamos de lo familiar, no es posible hablar de nada que venga al orden de la subjetividad sin escapar al lenguaje. Dentro de los cuatro discursos, Lacan teoriza sobre la entrada del sujeto al lenguaje y también los modos de relación que estos discursos producen en los sujetos.

Siendo que el saber es el goce del Otro, la intervención del significante dice Lacan, lo hace surgir como campo, y con esas hay que vérselas en el discurso. Con eso y con todos los elementos que de ese discurso se despliegan.

Con relación a esto, la crianza y socialización de la familia, la función de esta tiene que ver con el hecho irreductible de dar lugar a un sujeto del deseo, conferirle un lugar simbólico y establecer lazos de parentesco, e identidad civil. En esto lo que la familia transmite es un deseo que no sea anónimo.

"Para Lacan, tanto al padre como a la madre hay que pensarlos, en principio, como función: función de nominación y función de cuidados, respectivamente, en el seno del matema lingüístico de la metáfora. Los padres y madres de la realidad de las existencias singulares son entonces atributos significantes puestos al trabajo en la función, al mismo tiempo que nutren lo imaginario de la novela familiar" (Brousse)

Estás líneas que Brousse explica maravillosamente, dan la entrada a la respuesta del porqué Lacan, en este caso, cuando nos referimos a las configuraciones familiares actuales, con las nuevas formas de familia, dónde los sujetos no se definen bajo lo binario, en muchas oportunidades pensar en funciones da las respuestas para pensar los nuevos discursos.

Lo sexo afectivo tiene otro valor cuando es puesto en la rueda de significantes de cada parlêtre y en los matemas que constituye el discurso, cuando gracias a los aportes de Lacan, la innegable declinación del padre, la podemos escuchar desde otra lógica.

Bibliografía

Brousse, M.-H. (s.f.). Un neologísmo de actualidad: La parentalidad. *Virtualia*.

Lacan, J. (1969-1970). *El reverso del psicoanálisis - Seminario 17*. Mexico: Paidós.

Sigmund, F. (1906-1908). El delirio y los sueños en la "Gradiva de W.Jensen y otras obras. *Obras Completas* Argentina: Amorrortu editores.

Sigmund, F. (1972-1931). El porvenir de una ilusión El malestar en la cultura. *Obras Completas*, Argentina: Amorrortu.

Macarena Iralde

Psicóloga U.B.A y Psicoanalista.
Diplomada en Estudios de Género. UTN.
Espacios de formación en Sendas Analíticas 2006-2008, Encuentros Clínicos 2010-2013, Hospital Torcuato de Alvear 2009.
Seminarios diurnos E.O.L – Módulo de Literatura y psicoanálisis y Módulo de Familia, Departamento de Enlaces.
Atención clínica y admisiones en Instituciones privadas.
Coordinadora de Cuadernos Tópica. Ricardo Vergara Ediciones.
Directora de la colección Mujeres Psicoanalistas, Langue L%canienne y Cuadernos Tópica en Ricardo Vergara Ediciones.
Compiladora de Feminismo y Psicoanálisis, Efectos del COVID-19 en la Salud Mental y otros trabajos Ricardo Vergara Ediciones.
E-mail: macarenairalde@hotmail.com

¿Qué es ser lacaniano hoy? *

Eduardo García Dupont

*Mejor que formular buenas preguntas, es ensayar proviso-
rias respuestas. Para ello propongo analizar los significantes
privilegiados de este sintagma interrogativo:*

Ser lacaniano hoy

I) Ser:

Conocemos la importancia de este significante en la
teoría y la clínica psicoanalítica. Por un lado, remite a la
significación fálica, cuya dialéctica regida por el falo como
significante del deseo se opone, en una suerte de disyunción
estructural al TENER: "Si se es el falo, no se lo tiene, si se lo
tiene, es a condición de dejar de serlo". Ficción del deseo que
rige su movimiento como "metonimia de la falta en ser", con-
denándolo a la insatisfacción, en tanto nada de lo hallado en
el orden del tener estará a la altura de lo esperado: recuperar
el ser. Ser, que, a su vez, es una ficción, en tanto no se puede
"ser el falo del Otro", de ahí que Lacan en Encore planteara
que el falo como el amor suplen la ausencia de relación – pro-
porción sexual.

Por otro lado, si consideramos el ser desde la perspectiva
de la identificación, nos encontramos con el estudio del Rasgo
Unario, y una excelente diferenciación que podemos pensar
entre los conceptos de Super Yo e Ideal del Yo, a veces no
tan clara en Freud. El S1, en tanto Rasgo Unario, en su dirección hacia el S2, el sentido, se relacionará con los Ideales del

<hr>

* Trabajo publicado en la revista Link. Paris.

Yo, lo que le otorgará un "ser" al sujeto desde el que sostendrá su yo ideal, o su moi, como imagen especular. Ejemplo: como carta de presentación, ante la pregunta por el ser: soy argentino, casado, psicólogo, psicoanalista, hincha de ..., etc. Todos estos rasgos identificatorios, en tanto identificaciones secundarias, cabalgan sobre el Rasgo Unario, en tanto identificación primaria, que conformará el I(A), el Ideal del Yo. Recordemos aquel modelo óptico en el que la posición del ojo en relación al espejo plano permitirá acceder en el modelo de los dos espejos a observar la imagen virtual de la imagen real. En términos psicoanalíticos, conforme a la posición del sujeto en relación al Otro, donde se sitúa el Ideal del Yo, es que podrá acceder a observar su yo ideal. Lo cual le proporcionará esta ilusión de ser. Es decir que el "privilegio de pertenecer" como versa el slogan publicitario, proporciona la ilusión de un "ser".

Ahora bien, el S1, Rasgo Unario, en su dirección hacia el objeto "a", en tanto plus de goce, legible como pulsión de muerte, nos permite estudiar el concepto de Super Yo, en tanto "deber ser", que, como imperativo categórico, ordena gozar: el Super Yo ordeno: "¡Goza ¡" y el sujeto como objeto solo puede responder "oigo". No es lo mismo ser argentino, que "argentino hasta la muerte". No es lo mismo que el Ideal cumpla la función de orientación del deseo en tanto posibilidad de proyectos para el sujeto, que estar sometido a la trampa narcisista de recuperar el mítico paraíso perdido del yo ideal. Misión imposible, ya que en sí mismo, aquel estado de ilusoria completud fue una ficción, que, a la luz de haberla perdido por la operación de la castración, hizo que" uno busque lleno de esperanzas" con una nostalgia estructural aquel pasado supuestamente mejor, que jamás recuperaremos en tanto nunca existió. Como dice aquella estrofa de Joan Manuel Serrat en su canción Lucía: "No hay nada más bello que lo que nunca he tenido nada más amado que lo que perdí."

Tampoco es lo mismo que el sujeto pueda proyectar, a que en ello le vaya el "deber ser", mortificante, que en tanto mandato también se revelará como imposible de cumplir, y que en más de una ocasión puede conducir a la muerte.

Por último y si al ser lo vinculamos al fantasma, encontramos una relación con la operación de alienación. La alienación es al sentido, padeciendo el sujeto neurótico de falta en ser.

No obstante, en la opción alienante entre o no pienso, o no soy, observamos un primer movimiento, en tanto elección forzada, hacia el no pienso, donde se sitúa el Ello freudiano y el objeto "a" lacaniano como plus de goce, luego por medio de la operación verdad y la transferencia, se produce un segundo movimiento hacia el no soy. Donde se sitúa el Inconsciente freudiano, y el objeto "a" como -j, es decir falta.

Solo allí se consolida la operación de alienación al S2, es decir al sentido, significante binario caído bajo la represión primaria, produciéndose el efecto de falta del sujeto, es decir su afánisis o su fading. Para compensar este efecto, el sujeto se identifica al objeto causa del deseo del Otro, movimiento con el que consigue dos efectos:

a) Sostiene al Otro en una ilusoria completud.

b) Obtiene un" pseudo self", un "pseudo ser".

Para Lacan siempre el ser es falso, en tanto su supuesta consistencia es la de este objeto "a" postizo con el que se identifica el sujeto para sostener al Otro en el fantasma.

Entonces resumiendo, respecto del SER, tres vias de abordaje nos conducen a su estatuto ilusorio, ficticio, pero también mortífero:

• La significación fálica.

• El Rasgo Unario, y la teoría de la identificación, con su doble vertiente del Ideal del Yo y del Super Yo.

• La operación de Alienación, y su relación con la constitución del fantasma.

Pasemos al segundo significante del sintagma del comienzo:

II) Lacaniano

Si consideramos lo anteriormente expuesto, en primera instancia, propongo pensar las consecuencias, en nuestra práctica como analistas, de la enseñanza de Lacan.

• En principio haber ordenado en sus Tres Registros, que no se superponen con las tópicas freudianas, la experiencia, haciéndola más inteligible.

• Otro ítem interesante es la diferenciación fundamental entre el concepto de "Yo" y el de "Sujeto", que conduce a una reformulación de la cura que supone otra lógica y otra ética. A aquella formulación freudiana: "Donde Ello era, el Yo debe advenir". Opone la siguiente propuesta: "Donde Ello era, el Sujeto debe advenir". Operación muy diversa, ya que el Yo adviene por identificación, por "su – gestión", la del terapeuta; y el Sujeto adviene por confrontación con la castración en el Otro presentificada por el analista, lo que causa angustia y división subjetiva, pero también la emergencia del sujeto del inconsciente, en primera instancia, y en segunda y última instancia, la emergencia del sujeto responsable.

• Otro aspecto relevante es su formulación axiomática: "El Inconsciente está estructurado como un lenguaje", desmitificando la materialidad del Inconsciente como del orden de: fantasías, arquetipos, instintos, afectos, etc., sosteniendo la prevalencia del significante sobre los efectos de sentido y de significación. Desmitificando también la suposición de ausencia de legalidad en el Inconsciente que podría llevar al malentendido de interpretar la energía libre freudiana en términos de una suerte de caos sin ningún tipo de ligadura. Sostuvo que las leyes del Inconsciente se pueden articular con las de la retórica y situar en los dos ejes que organizan el lenguaje. También el haber situado la pulsación del Inconsciente como aquel que se produce entre dos hiancias: apertura y cierre, permitió tirar por la borda tres obstáculos epistemológicos respecto de su concepción: pensarlo como del orden de las profundidades, se produce en la superficie del discurso; pensarlo como forjado en y representante del pasado del sujeto, se produce hacia el futuro, futuro que permitirá que el sujeto simbolice por primera vez su historia para poder lograr que pueda de una buena vez, ser historia; suponer que sería posible el autoanálisis, se produce en transferencia y en relación al Otro; por último que podría hacerse consciente todo lo inconsciente, tarea imposible ya que la segunda hiancia, la del cierre es estructural, porque siempre se va a llegar al punto de falta de significante, donde se aloja el objeto "a", de lo contrario el sujeto dejaría de estar dividido, y justamente, si hay algo incurable es su división.

• Como así también su otra formulación axiomática: "No hay relación sexual", que puede estudiarse en diferentes contextos, por ejemplo: contraria a la significación fálica y su ficción: jamás el sujeto puede completar al Otro, es decir ser su falo, aunque este sea el resultado constitutivo y ficticio de la metáfora paterna; contraria también al amor en su ficción mítica del Andrógino, la "media medalla" o la "media naranja", lo que más allá de estas ilusiones estructurales del amor y del falo, lo llevan a definir al amor como un "dar lo que no se tiene a alguien que no los es". Contraria también a la creencia de que el partenaire del sujeto pudiera ser el otro, el semejante o el Otro, el partenaire del sujeto es el objeto "a", con lo cual la relación con el otro, o el Otro, siempre está mediatizada por el fantasma. Una de las consecuencias clínicas de esta definición, la de la ausencia de relación sexual, es la del rompimiento con la idea de una pretendida madurez genital, o el hallazgo feliz del objeto, cual primari love, o por fin integrar los aspectos buenos y malos del sujeto y del objeto, y por fin ser uno con el otro. Lo que nos expone a la contingencia del encuentro amoroso, que jamás Lacan quiso degradar, solo que no cayó en los callejones sin salida neuróticos de la pretensión de darle al amor estatuto necesario, lo que lo rebaja a las vicisitudes de la demanda de amor

• Por último, y aquí radica lo fundamental, la invención del objeto "a" que lo lleva a sostener que fue su único invento. Para Freud el objeto del Psicoanálisis es el Inconsciente y para Lacan, el objeto "a". Si consideramos el Discurso del Amo, que a su vez es el Discurso del Inconsciente, encontramos reducida toda la teoría freudiana:

$$S1 \quad S2$$

$$\$ \ a$$

Donde S1, S2, y $ dan cuenta en Freud de las Formaciones del Inconsciente, lo que se podría formular como el sujeto es lo que un significante representa para otro significante; y el objeto "a" nos permite pensar en tanto plus de goce, su relación con la pulsión de muerte y con el texto freudiano: "Mas Allá del Principio de Placer".

Freud, en su descubrimiento e invención, dio cuenta de las formaciones del Inconsciente, a las que dedicó sus grandes obras capitales, inventando un método: la rememoración y una primera fórmula de cura: *"Hacer Consciente lo Inconsciente"*. Hasta que se detuvo en *Más allá del Principio del Placer,* evidenciando el fracaso del método de rememoración como única alternativa, dando cuenta de la emergencia de la pulsión de muerte en la clínica. Si bien el primer Lacan, para quien todo era significante, podríamos decir que es homólogo al Freud optimista anterior al hallazgo de la pulsión de muerte, luego, a partir de la invención del objeto "a", cuyo antecedente es el das Ding del Seminario de La Etica, o el "agalma" del Seminario de la Transferencia, y que recién aparece formalizado en el Seminario de la Angustia con su consistencia lógica en su doble funcionamiento: como plus de goce y como causa del deseo, podemos sostener que allí donde Freud se encuentra con su tope en la clínica, Lacan con la invención del objeto "a", recoge el guante, y decide avanzar, pasando a pensar sus posibles incidencias en la Dirección de la Cura.

Entonces y retomando aquello que Lacan nos dijera en Caracas: "Yo soy Freudiano. Ustedes si quieren podrán ser lacanianos", podríamos pensar en el proceso del mismo respecto de Freud, proceso que supuso una suerte de alienación a sus significantes y luego una separación, que posibilitó la invención.

Considero que deberíamos repensar el SER del SER LACANIANO. En tanto no es lo mismo y tendrá otras consecuencias que el SER se deslice al "Privilegio de pertenecer", al "Deber ser" o al "Ser causa del deseo del Otro", para sostenerlo en una ilusoria completud y sostener, a su vez, un pseudo ser; que estudiar Lacan, alienarse a sus significantes y al sentido, hasta encontrar también la dimensión del sinsentido que nos dé un margen de libertad posible, en el que optará cada uno, uno por uno, "si quiere lo que desea". Es decir, para decirlo con Goethe, qué de lo heredado decidirá hacerlo suyo, o cómo podrá por fin ir más allá del Padre, sirviéndose de él.

Solo allí, operación de separación mediante, tal vez recién entonces, podramos encontrar un lacaniano, al menos uno, en el sentido como Lacan fue freudiano.

Para finalizar, pensemos en el último significante:

III) Hoy:

Para ello solo unas pocas reflexiones. En estos tiempos de globalización, de economía de mercado, de capitalismo salvaje, de ocaso de la modernidad, de crisis de los grandes relatos, de ocaso de los Ideales del Otro, de cinismo, de melancolización generalizada, considero que la enseñanza de Lacan con advertido entusiasmo es un instrumento que nos permite dar respuestas a problemáticas que se presentan en la clínica actual: a saber patologías del acto: inhibiciones, actings y pasajes al acto; formaciones del objeto "a" en su relación con el S1: Fenómenos Psicosomáticos, adicciones, violencia de toda índole, etc.; problemáticas relacionadas con el déficit de la función paterna, en tanto transmisión del deseo-ley; o aún más graves, del déficit de la función materna: la de alojamiento del sujeto en un deseo que no sea anónimo.

Formas de la clínica actual que exigen la plasticidad, creatividad e invención del analista.

También creo que la enseñanza de Lacan nos desafía a investigar el criterio de cura en Psicoanálisis y el concepto de fin de análisis, con su corroboración clínica, más allá de cualquier Ideal.

A su vez, nos desafía a pensar el lazo social entre analistas y sus reiterados efectos de dispersión.

En esa tarea estamos trabajando, estudiándolo, si por ello entendemos: alienarse a sus significantes intentando soportar, al mismo tiempo el estar a la altura del "des ser" conveniente al deseo del analista.

Entonces, ante la pregunta acerca del "Ser lacaniano hoy", podemos responder que se trata de alienarse a sus significantes para poder separarse, es decir des – serlo, y tal vez solo entonces serlo, en el sentido que él fue freudiano.

Esperamos, entonces aún, en esa dirección, la aparición de algún lacaniano en el mundo.

Eduardo García Dupont

Psicoanalista. Profesor. Investigador. Escritor, ex Prof. Adjunto del Departamento de Psicología Clínica Universidad John F. Kennedy. Fue Profesor y Director de Postgrados en Psicoanálisis en diversas Instituciones Psicoanalíticas y Universidades. Es Profesor Invitado en la USAL la UCA y la UBA. Profesor a Cargo del Seminario: 'Conceptos Fundamentales del Psicoanálisis' en la USAL - Sede Pilar. Ha cursado el Doctorado en Psicología en la USAL. Su Tésis doctoral se encuentra en preparación. Fue Supervisor de Concurrentes y Residentes en numerosos Centros de Salud Mental y Hospitales Generales. Publicó el libro 'Fundamentos de la Enseñanza de Jacques Lacan' Ed. 'El Otro' (Primera y segunda edición agotadas) Publicó como autor y compilador el libro: 'Encrucijadas clínicas I: Transferencia y Fantasma' (Primera Edición agotada). Teoría y Clínica Psicoanalítica (Andando y desandando - Anudando y desanudando), Ricardo Vergara Ediciones 2019.
E-mail: eduardogdupont@gmail.com
www.egarciadupont.com

Cuerpo no sentido

Cristina Lospennato

Haré referencia particularmente a aquellas mujeres que han padecido violencia física y han permanecido durante un tiempo considerablemente prolongado en convivencia con el agresor. El interés está centrado sobre el cuerpo sufriente como eje de este trabajo, donde quedará establecido, al menos interrogado ¿por qué Lacan?

Lo antedicho es a raíz de una experiencia de trabajo en una institución de políticas públicas, donde me desempeñé por más de una década. El ingreso a la institución se produce luego de haber denunciado al agresor. Estas mujeres han denunciado, han hablado, han hecho una serie, han puesto un límite. Sin embargo, es frecuente que expresen sentimiento de culpa articulado con una identificación con el rival caído, la transformación del deseo agresivo deviene en piedad para el agresor. Al mismo tiempo, denotan una tendencia a satisfacer la necesidad de castigo por los deseos hostiles hacia el objeto amado. Todo ello en el marco de la realidad que impone un trabajo de duelo.

Cabe interrogarse entonces que está sucediendo en estas mujeres, más allá de una cuestión de género o de mandatos familiares y sociales. Es de cuestionar por qué después de tan extenso tiempo de convivencia, pasando por situaciones de máximo riesgo, donde la muerte se presentifica a cada instante, un día, resuelven hacer la denuncia.

Con el fin de hacer una aproximación al tema del cuerpo, referiré el término estrago, como una vivencia devastadora en la relación de un sujeto con otro social, que despedaza el cuerpo, lo quema, lo perfora y al goce del Otro que afecta al cuerpo cuando lo simbólico falta al encuentro, en tanto faltan puntos de referencia, desanudándose lo imaginario ante la irrupción de lo real. Se intentará pensar desde la clínica, dar alguna respuesta a los interrogantes: ¿qué sucede con el cuerpo de estas mujeres? Para tal fin haré un recorrido en la obra de J. Lacan.

Cuando Lacan introduce el cuerpo en tanto falo, escribe que el mismo es mortificado por el significante, bañado con un manto de lenguaje incomprensible al nacer. ¿Qué sucede con el goce? En los últimos años de su enseñanza, va a plantearlo desde el lugar que es como un plus- de gozar, es decir, como el suplemento que escapa a la mortificación, pensado sobre el fondo de la satisfacción. En Radiofonía enuncia la equivalencia entre el Otro y el cuerpo, como cuerpo mortificado (corpse, cadáver). Y el horror es pensar que el cadáver tenga aun necesidad de gozar. El corpse, entonces, es el equivalente del Otro del significante. Lacan sitúa el "goce del Otro que no debería haber" entre los registros Imaginario y Real y por fuera de lo Simbólico. Se trataría de otro al que se percibe no alcanzado por el efecto perforante de lo Simbólico y que es vivido como alguien que puede gozarnos irrestrictamente.

En la experiencia de cuerpos violentados, ese goce que se experimenta localizado en el Otro, goce que hace falta que no haya, se pierde el sentimiento de sí, del cuerpo como propio, pudiendo aparecer el sentir de unión ilimitada y mortífera con el objeto que no puede perderse. Ese cuerpo tan mortificado, quemado, devastado que deja de ser propio.

¿Qué sucede con el cuerpo de todo ser de condición humana?

Revisando en Freud el concepto de hombre encuentro que no es un hombre interior, ni el amor, como lo entendía Françoise de Curel, una danza delante del espejo…A menos que el espejo nos devuelva como en Lacan, la imagen del cuerpo propia despedazada, como en trozos, para obligarnos por lo mismo a salir de nosotros y buscar la unidad y la unión de las junturas en el cuerpo del otro. Oscar Masotta

En Radiofonía y Televisión empecé a encontrar la punta del ovillo hacia la respuesta a la pregunta a que es el cuerpo para esas mujeres violentadas y el de todas las mujeres y de todos los hablantes. En los últimos años de su enseñanza, Lacan va a plantearlo desde el lugar que es como un plus – de – gozar, es decir, como el suplemento que escapa a la mortificación. El goce es pensado sobre el fondo de la mortificación. Se trataría de hacer encajar al cuerpo en algún orden. El orden de la realidad, que el cuerpo se hace, se construye, tiene un estatuto subordinado, secundario

El cuerpo en la enseñanza lacaniana no es el sistema nervioso (…) "el punto donde lo simbólico toma cuerpo. Insistiré sobre eso: cuerpo" (Lacan, Radiofonía y Televisión, pregunta 2) Se trata del "cuerpo de lo simbólico", ese cuerpo incorporal, que incorporándose le da cuerpo, el primer cuerpo hace al segundo al incorporársele.

Ese cuerpo Uno es dado por el lenguaje, porque se le atribuye una singularidad, tomando nuestro cuerpo como un atributo en vez de tomarlo como nuestro ser mismo, ya que el sujeto es alguien que es hablado antes de que pueda hablar, sea que el sujeto esta antes que el cuerpo, por lo tanto como sujetos del significante estamos separados del cuerpo. Si el sujeto está separado del cuerpo y está antes de nacer y después aun de no tener ese cuerpo, después de la muerte, es porque está sostenido por el significante. (…)"Por lo que se comprueba que para el cuerpo, es secundario que esté muerto o vivo", como encontramos en Radiofonía.

Es entonces el lenguaje lo que permite lo temporal, que Lacan llama "el margen más allá de la vida (…) "la sepultura, es decir donde se afirma de una especie que al contrario de cualquier otra, el cuerpo guarda lo que el viviente otorgaba el carácter cuerpo (corps).Cadáver (corpse) queda, no se torna carroña, el cuerpo que habita la palabra, que el lenguaje cadaveriza (corpsifiat)"

Pensando entonces que la vida del cuerpo que es anticipado a través del lenguaje antes de que este nazca y en recuerdo de ´él se guarda en la sepultura, este es el punto donde se dice que el cuerpo está separado del sujeto y es soportado a partir del significante. Siendo entonces el lenguaje que nos da un cuerpo y después nos lo otorga al unificarlo. Según Lacan el primer efecto que eso tiene sobre el cuerpo es el de mortificarlo, ya que para el significante que ese cuerpo esté vivo o muerto no tiene importancia. Muerto el cuerpo se convierte en carroña y va a la disgregación.

En el discurso a Roma va a mencionar que para ser un cuerpo se precisa un organismo más una imagen, una unidad del cuerpo (…) "el lenguaje es cuerpo, cuerpo sutil pero cuerpo" (Seminario11). Va a hablar del cuerpo que da cuerpo. En Escritos 1 (Función y Campo de la Palabra) reconoce que es el significante el que introduce el discurso en el organismo.

En Aún, leemos (…) "lo importante es que todo eso encaja lo suficiente para que el cuerpo subsista, si no hay, como se dice, accidente externo o interno. Lo que quiere decir que el cuerpo es tomado como se presenta ser, como un cuerpo cerrado". No basta la cohesión para darle un cuerpo, Lacan dice "es preciso que el significante introduzca el Uno. El cuerpo verdadero es el primer cuerpo" (es lo que domina al cuerpo simbólico, el leguaje-lacan).

Volviendo al tema que el primer cuerpo hace que el segundo se incorpore, ¿se estaría hablando entonces que lo incorporal marca el primero, posterior a su incorporación? Recorramos un poco la historia de los estoicos quienes nos dieron el término "incorporal", en que lo simbólico pretende al cuerpo, y a mi parecer merecen un espacio en estas líneas.

Fueron los estoicos quienes introdujeron la palabra incorporal en el lenguaje de la filosofía. Y nombran cuatro incorporales, el vacío, el lugar, el tiempo y lo expresable.

1- El vacío situado en lo no sensible fuera de la realidad, dicho de otra manera el vacío no existe en el mundo, solo puede existir fuera de él. 2- El lugar es definido como intervalo que es ocupado por algún cuerpo. 3- El tiempo en donde suscitan los acontecimientos y 4.- Lo expresable, va a dar referencia a lo que expresa la palabra, la palabra misma y el objeto al que se está refiriendo. Estaríamos mencionando el lenguaje como una emisión significante por la cual se expresa un estado de cosa. Estos estados de cosa, estos atributos son lo incorporal.

Con el incorporal "expresable" estaríamos metiéndonos de lleno al tema del lenguaje, a la letra de Colette Soler el cuerpo es un obsequio del lenguaje. No existe primero un cuerpo, existe primero el lenguaje que lo nombra. No se nace con un cuerpo, se nace con un organismo, una carne, se convierte en cuerpo una vez que el lenguaje lo atraviesa, el lenguaje marca la carne, marca el organismo, organiza el cuerpo lo va construyendo. La entrada del lenguaje en el viviente sería un efecto incorporal, el goce.

En la pg. 19 de *Radiofonía y Televisión* (Editorial Anagrama) encontramos: (…) "Así no todo es carne. Las únicas que el signo que las negativiza, ascienden, de lo que cuerpo se separan, las nubes, aguas superiores, de su goce, cargadas de rayos a distribuir cuerpo y carne ".

Se podría interpretar que las aguas superiores del goce, las nubes del goce, luego retornarían de nuevo haciendo la diferenciación carne y cuerpo. Que según los estoicos con el término de incorporal dan a conocer que lo simbólico toca el cuerpo.

Si nos referimos a lo simbólico podríamos pensar que hace marca en el cuerpo " el cuerpo hace el lecho del otro". Ese efecto de marca es de despedazamiento, que no remite a cuerpo sufriente, sino de un aspecto parcial, al decir de Colette Soler. (…) "el despedazamiento también implica que es el lenguaje quien nos atribuye los órganos. Dicho de otra manera, que el cuerpo que funciona es un cuerpo despedazado ".

Hablaré de los incorporales enunciándolos como acontecimientos, no son cosas ni estados de cosas. Tampoco están en la profundidad de los cuerpos, sino en la superficie- Siguiendo a los estoicos se pensaría en una topología, que nos llevaría a pensar en el cuerpo pulsional de Freud, ese cuerpo en que los agujeros superficiales determinan la manera de gozar. Será el lenguaje el que hace agujero en el cuerpo desprendiendo algo de él, (…) "el llamado objeto a, acontecimiento incorporal, lo mismo que el goce que nombra"

Un análisis descubriría de qué manera estamos tomados por el lenguaje, con la particularidad de inscribirnos en el lenguaje a través de lalengua y poder descifrarse, llegar a la cifra última sin aporte de los sentidos. Como enuncia Lacan, en una operación con el equívoco que nos va a llevar a la Letra que hace sin – sentido y que revela la manera de gozar del cuerpo.

En el Seminario 20 (…) "Gozar tiene la propiedad fundamental de que sea, en suma el cuerpo de uno el que goza de una parte del cuerpo del Otro". Pero esa parte goza también, hecho es que no lo deja indiferente. Lacan se pregunta qué es el goce, cuya respuesta es "lo que no sirve para nada". En otro momento va a plantear el goce como aquello cuya falta haría vano el universo y se lo piensa en modalidades de posible, imposible, contingente, necesario. El tratamiento del goce lleva a una clínica de lo real.

(…) "Resulta curioso que haya gente que no experimente afecto por la violencia sufrida corporalmente…(…) relaciónase con el propio cuerpo como algo ajeno es ciertamente una posibilidad que expresa el uso del verbo tener" (Seminario 23 Clase del 11 de mayo de 1976)

Cabe pensar que las mujeres a las que refiero, como invadidas por un exceso de goce. Goce del Otro, podrían conllevar la perdida de la consistencia de lo imaginario, cono el sentimiento de la fragmentación corporal, devastación subjetiva, aniquilamiento. Intentando separarse del objeto al cual se encuentra alienado y al quedar en una posición a merced del goce de Otro que se presentifica como absoluto, se siente desposeída de tener un cuerpo o de la oposición del organismo discordante en sí mismo no unificado en su cuerpo.

Es por demás pertinente citar a esta altura de mi elaboración, un enunciado fundamental para arrojar luz sobre la posición de estos sujetos, el goce, el goce del Otro que lo significa, no es signo de amor. Lacan va a decir en el seminario Aún (…) "No es el amor… me dejé llevar a llamar el amuro", lo que aparece en señales extrañas sobre el cuerpo,(...) "Son esos caracteres sexuales que vienen del más allá… del cual quiero señalarles que no se puede decir que sea la vida ya que también acarrea la muerte, la muerte del cuerpo, porque lo repite

En el Seminario Aún, va a decir sobre el cuerpo (…)" lo importante es que todo eso encaja lo suficiente para que el cuerpo subsista, ahí no hay, como se dice, accidente externo o interno. Lo que quieren decir que el cuerpo es tomado como se presenta ser, un cuerpo cerrado" habría una cohesión con el organismo, pero no alcanza la cohesión a darle un cuerpo. Lacan es muy claro cuando refiere al cuerpo, es preciso que el significante introduzca al Uno.

Varias son las maneras y formas que se encuentran referidas al cuerpo. Cuando Lacan en su seminario de la Relación de Objeto dice (…)"De esta manera el significante entra en el organismo y así asiste al advenimiento en el significante de todas las pertenencias del cuerpo" está diciendo que muchos son los elementos ligados con la estructura corporal y con la experiencia vivida del cuerpo, son utilizados para nutrir lo simbólico.

Las diversas partes del cuerpo, pueden servir de significantes más allá de su función como el falo, a partir del órgano corporal se vuelve significante-En el seminario de las Formaciones del Inconsciente va a decir claramente (…) "Falo: en el origen para el sujeto nos algo distinto a un punto de voluptuosidad de su propio cuerpo y, seguramente mucho menos sujeto a caducidad que otros elementos; que tuvieron alcance de d significante en su demanda anterior a este elemento; este punto de su cuerpo por su relación orgánica con el mismo, es más que cualquier otro; de manera que en la aprehensión de una cadena metafórica en la metáfora paterna, debe jugar como tal su rol para ser un significante que al mismo tiempo, se vuelva un significante absolutamente privilegiado de esta relación con el Otro; del Otro, que haga un significante absolutamente central del Inconsciente" En otro momento va a decir que el Otro es el cuerpo, ese cuerpo que opera como primer lugar donde meter inscripciones, el primer significante.

A lo largo de su enseñanza se leerá que Lacan pone al cuerpo del lado del psicoanálisis y no del lado de la biología o de la psicología. Entendiendo nos transmite es que tener un cuerpo no viene de un imaginario a partir de lo especular, como lo enuncio al principio de su enseñanza, sino que viene de otro imaginario y que se origina a partir del objeto a.

En R.S.I clase del 15/4/75, refiere al cuerpo y a la consistencia (…) "en el sentido en que cuerpo quiere decir consistencia…" (pg. 109), hablaría entonces de solidez, cierre, cohesión y además de sostenerse en conjunto. Simbolizado por la superficie.

Lo que le pasa a cada uno en su cuerpo, en el seminario 23 (11/5/76) lo aclara de la siguiente manera: (…) "¿quién sabe lo que pasa en su cuerpo? Hay en esto algo extraordinariamente sugestivo. Algunos incluso le dan este sentido al inconsciente…, es que el inconsciente no tiene nada que ver con el hecho de que uno ignore montones de cosas al respecto a su propio cuerpo. En relación con lo que se sabe, es de una naturaleza completamente distinta. Se saben cosas que dependen del significante". En otra parte de la misma clase, va a enunciar que la relación con el cuerpo no es simple para nadie, ya que el cuerpo tiene agujeros, nombra a Freud, en tanto que (…) "…lo que habría debido encaminar al hombre hacia esos agujeros abstractos que conciernen a la enunciación de lo que sea. "Cuál sería la función del agujero?, es lo que nos impone la experiencia más simple " la de un anillo", y no refiere a la cosa abstracta de la línea del círculo . Para poder pensarlo hay que darle cuerpo al círculo, consistencia "que lo imaginemos sostenido por algo físico" (…) "y entonces volvemos a encontrar esto, que solo se piensa el cuerpo"

Para ir concluyendo, retomo que el cuerpo está atravesado por el lenguaje, pero lo que me constituye como sujeto es mi pregunta, tomo del texto de los Escritos I, unas líneas que a mi gusto redondea como el circulo, cerrando, y además le da consistencia a lo escrito hasta acá: (…) "para hacerme reconocer del otro, no profiero lo que fue sino con vistas a lo que será. Para encontrarlo lo llamo con un nombre que él debe asumir o rechazar para responderme. Me identifico en el lenguaje pero solo perdiéndome en él como un objeto. Lo que se realiza en mi historia no es el pretérito definido de lo que fue, puesto que ya no es ni siquiera el perfecto de lo que ha sido en lo que yo soy, sino el futuro anterior de algo que yo habré sido para lo que estoy llegando a ser".

Bibliografía

Bréhier Emile, *La teoría de los incorporales en el antiguo estoicismo.* 1990/N°6
Boeri, Marcelo D. (2004). *Los estoicos antiguos.* Santiago de Chile. Universitaria
Lacan, Jacques. (1977) *Radiofonía y Televisión.* Barcelona
Lacan Jaques. *Los escritos técnicos de Freud* (1953-1954), Libro 1, Ed. Paidós
Lacan Jacques, *Los cuatro conceptos fundamentales del psicoanálisis* (1963-1964) Libro 11 Ed. Paidós
Lacan Jacques, *R.S.I.,* Seminario Inédito. 18 de febrero de 1975
Lacan Jacques, *El sinthome.* Libro 23. Ed. Paidós
Lacan Jacques, Aún. Libro 20. Ed. Paidós
Lacan Jacques, *La Relación de Objeto. Libro 4 .* Ed. Paidós
Lacan Jacques, *La Angustia. Libro 10* Ed. Paidós
Soler Colette, *El cuerpo en la enseñanza de Jacques Lacan* www. Trelew.gov.ar

Lic. Cristina Lospennato

Lic. en Psicología .Univ. J.F.Kennedy. Cursó Maestría en Psicoanálisis en UBA.Posgrado niños, niñas, adolescentes, familia y pareja UBA.Especialista en familia y pareja Centro Dos. Posgrado Masculinidades Universidad de Córdoba. Se desempeñó en: CENAF (centro integral del niño adolescente y familia).Ex docente Univ. J.F.Kennedy y UBA. Hogar para madres adolescentes María Eva Duarte. GCBA. Refugio Mariquita Sánchez (para mujeres que sufrieron de violencia y sus hijos, hijas) GCBA. Investigadora Observatorio de equidad de género Dirección General de la Mujer GCBA Coordinadora Programa "Varones que ejercieron violencia hacia la mujer" GCBA.Jefa de programas que trabajan con violencia. Dirección General de la Mujer, GCBA.Disertante en Jornadas Nacionales e Internacionales. Publicó artículos en: Lo femenino en debate. Ed. Grama. La clínica psicoanalítica en épocas del covid+19. Ricardo Vergara ediciones (RV).Actualmente: Participante del observatorio de violencia contra las mujeres en Latinoamérica, EOL .Miembro de RIMA (red de iniciativas en masculinidades Bogotá – Colombia) Equipo Supervisión Mutual Grupo buenos ayres. Consultorio privado y on – line
E-Mail: lic.cristinalospennato.psi @gmail.com

Musicoterapia *losange* Psicoanálisis

Javier Torres

"Los oídos, ¿sólo
permiten escuchar significantes?"
(Barberis, 2010, p. 65)

El título del presente libro nos interpela -siempre que nos dejemos alcanzar por el interrogante- en un punto que hace a lo íntimo de nuestra posición profesional. Lejos de la invitación a una apología de Lacan, el interés que revierte esta pregunta de múltiples aristas es el poner en cuestión el aporte de sus elaboraciones (y de contribuciones ulteriores de algunos otros) en el contexto mismo de nuestra clínica cotidiana. Así, considero que resulta fértil trabajar a partir de los recortes que ella nos ofrece -sus fragmentos y posibles enlaces-, tomándola como norte en todo momento.

Palabras y murmullos

El recorte que pondré en juego se trata de una producción vocal, desplegada por un joven de estructura psicótica; más precisamente, autista. Aquella constó de cuatro unidades -por situarlas de algún modo-, que se sucedieron en repetición. Se inició a partir de que este joven tomó contacto con un muñeco, al cual sostuvo frente a sus ojos, casi sin margen de distancia. La producción fue la siguiente:

1. ¡Hola! ¿Cómo estás? (*en un tono agudo, como de quien habla a un niño*)
    Bien. (*en un tono grave, de tinte gutural*)
    ¡Qué bueno! (*en un tono agudo*)

2.   Un murmullo ininteligible, prolongado, donde no se recortan palabras. (*en un tono agudo*)

3.   ¡N.! (*su nombre)* ¡Ojo! Ojo, ojito, ojazo. ¡Muy bien! (*en un tono agudo*)

4.   Nuevamente un murmullo.

Una vez completado el último ítem, el joven retomaba la secuencia desde el primero de esta lista: da capo sin cuenta.

Lo que llamó mi atención fue, particularmente, la distinción entre palabras y murmullo, que se tornaba marcada en la producción. ¿Cómo se estableció ella para N.? ¿A consecuencia de qué, en algunos puntos, esta producción constaba de unas palabras mientras que en otros no? Nada poseía intencionalidad comunicativa alguna en la secuencia, era algo que el joven desplegaba frente al objeto; sin dar, incluso, en absoluto cuenta de mi presencia en el espacio.

Para intentar sopesar estos interrogantes me dirijo a un intercambio sostenido por Lacan (1988, p. 134) respecto al estatuto de la escucha del autista: *"Como su nombre lo indica, los autistas se escuchan ellos mismos. Escuchan muchas cosas. Esto desemboca incluso normalmente en la alucinación y la alucinación siempre tiene un carácter más o menos vocal. Todos los autistas no escuchan voces, pero articulan muchas cosas y se trata de ver precisamente dónde escucharon lo que articulan."* ¿Qué alcanzó a escuchar entonces, este joven? ¿Dónde pudo haberlo escuchado? La referencia de Lacan a la "articulación" desliza, en paralelo, un matiz interesante y susceptible de debate sobre el que luego intentaré detenerme.

En primer término, cabe señalar que no parece adecuado hablar aquí de alucinaciones tal como se conciben en otros contextos; sino en todo caso de sujeto alucinado, como referencia a la *"sumersión en lo real"* (Laurent, 1999, p. 155). Este autor indica: *"... porque el sujeto está alucinado no puede escuchar un llamado, porque la respuesta está allí ya."* Ahora bien, esas palabras que el joven pronunció frente al muñeco fueron, inicialmente, escuchadas; provenientes de un punto que reviste valor ubicar: algunos decires de su padre.

Prestar cierta atención al modo en que éste se dirige al hijo arrenda tal hipótesis: el particular tono de voz que emplea para con él -que difiere del que utiliza en intercambios con otros-; el tono y modo desde los que busca limitar -de modo prospectivo o retrospectivo- determinadas acciones del joven; y otros elementos (entre los que destaca la ausencia de cualquier mención a la madre en el discurso). La figura de su padre es, probablemente, la máxima referencia ubicable en el entorno para N.

Este joven diferenció en lo oído de la masa sonora, entonces, palabras del padre: algunas de las cuales suele dirigirle precisamente en momentos de despedida o reencuentro. Más que palabras, quizás, podríamos afinar la mira planteando que escuchó aquello que vino del padre, su intencionalidad: sonidos que coinciden con palabras -ya que de ellas no puede apropiarse para un uso que no sea del orden de una reproducción inanimada-. De todos modos, nos vemos precisados a suponer que este joven autista no es, al menos por entero, indiferente a determinados movimientos en el contexto. Tal como se refería en la cita a Lacan más arriba, los autistas se escuchan ellos mismos y -sugiero este conector aditivo- escuchan otras cosas.

La *"cajita de cristal imposible de pasar"* que sugiere Wagner (2000, p. 229) se resquebraja ocasionalmente y se torna un tanto porosa. Como plantea Soler (2004, p. 59), *"... no creo que haya un autismo puro ..."* -afirmación palpable al menos de momento en este recorrido-, y que a la par puede ser leída en línea con lo señalado más arriba: si bien los autistas se escuchan ellos mismos, también, en algún instante, escuchan alguna otra cosa (pasible de ser percibida desde cierta exterioridad evanescente, presta luego a devenir indiferenciada al quedar incorporada al campo de la estereotipia). Allí, en ese plano, es que comienzan a escucharse ellos mismos, en tanto sujeto y Otro quedan soldados, indiferenciados. ¿A qué se debe aquí, entonces, esa focalizada apertura auditiva -en tanto una suerte de válvula que ocasionalmente otorga paso para luego cerrarse-?

La aparición efectiva del padre, el surgimiento de su decir dirigido al hijo, en medio del ruido, promueve alguna clase de diferencia, de detenimiento; cierto recorte, a partir del cual el joven parece escuchar de un modo particular: aísla algunos sonidos, unas palabras, no como referencia a un efecto de significación, sino en tanto signo; en este caso signo de la presencia del padre, de la que no puede rehusarse. Allí, una imagen acústica coincide, podríamos decir, con una "presencia", como sugiere el signo saussureano. Lacan señala (1988, p. 135): *"Es no hay humo sin fuego. El signo es de inmediato captado del siguiente modo -si hay fuego alguien lo hizo."* Desde Barberis (2010, p. 17): *"Se basta a sí mismo en la medida en que es lo que todos los otros signos no son."* La voz del padre, enmarcada en una particular entonación cuando se dirige al hijo, orienta la escucha del sujeto hacia ese punto. No hay allí, de todos modos, escucha de lo nuevo, pero sí cierto breve cese del escucharse a sí mismo.

Es probable que, en la producción vocal de cuatro unidades tomada como referencia, los puntos en que el murmullo es lo que prima a nivel de la estereotipia, estén por entero ligados a una no-presencia del padre, a un instante en que la atención de aquel no se volcó hacia su hijo.

Este padre, insisto, y eso parece quedar reproducido en la escena, convoca particularmente mediante su voz, en su matiz de tono -de modo específico-, y en su exigencia de *"respuesta"*. Basso (2013, p. 35) introduce una suerte de característica, en esta línea, en referencia a los niños autistas: *"... una aprehensión imprecisa de la forma de las palabras, en las que advierten principalmente, las semejanzas sonoras, pero no el sentido."* El efecto de detenimiento y consiguiente escucha podría estar asentado sobre este pilar, aunque es osado descartar radicalmente el complemento posible de la vía escópica -incluso a pesar de las marcadas patologías oftalmológicas de N.- dado que el padre se exhibe y busca ubicarse frente los ojos del joven (o al joven frente a sus ojos), llegando en ocasiones a un pegado de los rostros, tal como él replica con el muñeco.

En el hueco de la presencia efectiva del padre para el sujeto, puede leerse una suerte de ruido blanco, indiferenciado. Al decir de (Lago, 2020): *"... el ruido (...) se presenta como algo contingente y no articulable ..."* Como señaló Quignard (1998, p. 60): *"... las orejas no tienen párpados."*, y sobre este lienzo es que se puede o no construir un andamiaje (en esta dirección, es el Otro quien puede acercar algunas alternativas al autista, para intentar hacer con un cuerpo que por presentarse como superficie no ha devenido parcializado).

Otros sonidos

Resulta interesante ahora reflexionar acerca de la intervención introducida frente a la secuencia relatada, ya que surtió un aparente efecto de corte en la homeostasis -noción que es preciso concebir en un sentido lejano al pretendido equilibrio de los afectos que muchas veces reina como ideal en cierto campo teórico de la Musicoterapia (Lecourt, 2010); arribando entonces a una posible comprensión en tanto estado de ausencia de deslizamiento metonímico, que conlleva un encapsulamiento del sujeto, tornándose transitoriamente ajeno al llamado del Otro, tal cual señala la referencia anterior de Laurent-. Esta intervención consistió en ofertar un nuevo elemento en un punto de la serie -específicamente el tercero- ubicándolo en relación homofónica con la raíz de las palabras *"ojo, ojito, ojazo"*. Las ofertas fueron: *"ojón", "ojal"*, y similares.

El joven fue sensible a esta introducción, es decir, escuchó esa oferta proveniente del otro (en un tono agudo, también) y la agregó como cuarta palabra -o sonido-, pero sin repetirla en la serie siguiente; sólo la tomaba una vez. Fueron así sucediéndose variaciones en tanto indicador de una posible cuenta. En cierto momento, una vez acaecidas algunas ofertas, el joven comenzó a efectuar un detenimiento en su producción, un punto de espera, un marco de silencio para la emergencia de una de estas ofertas del otro, otorgándole así un lugar novedoso: un sitio posible en su escucha.

Finalmente, en cierto momento, se puso de pie, dejó a un lado el muñeco, y pasó a tomar otro objeto -en ese caso unas pelotas- para hacer rodar hacia lejos de sí; pasó a otra actividad.

A partir de lo relatado, podemos notar que se produjo un efecto de diferencia, de vacío, respecto al oírse a sí mismo; ya que conllevaba un detenimiento que señalaba la espera de aquello que podía ofertar el otro. Desde la oferta de un *"+1"* (palabra/sonido) es que se produce un *"-1"* (hueco/espera) respecto a la escucha. En ese punto se advirtió también una cierta diferencia respecto a la iniciativa del Otro, la cual no fue pasible de ser ubicada en tanto los polos marcados por Strauss (1998, p. 20): ni el *"... Otro a la mano del autista ..."*, ni el *"... Otro mortificante, radicalmente intolerable."*

¿Articulación?

¿Podemos ubicar en este punto un efecto de *"articulación"*? Como se refería más arriba, Lacan hace mención a la articulación respecto de la escucha del autista, pero ¿de qué articulación se trata? Estimo que no de una propiamente dicha, no al modo de cadena, sino en todo caso en tanto soldadura, efecto de pegado entre lo que escuchan para luego pasar a escuchar de sí mismos.

La referencia a la articulación en la cita puede ser puesta en cuestión debido al hecho que, para el autista, la iniciativa del Otro puede resultar intrusiva, y un modo de hacer con ello es intentar anular la alteridad -la distancia en ciernes entre sujeto y Otro- por medio de la apelación a una suerte de adherencia en el cual los dos terminan como Uno. En el particular recorte de este texto, eso que N. escuchó del padre, luego se tornó estereotipia (esta lógica no sólo opera a nivel de lo audible, sino también en otros planos).

Para que podamos hablar de articulación, concibo, es preciso que se hallen dos elementos diferenciados en interjuego. En el campo de la estereotipia, los dos elementos no se hallan sino holofraseados, tal como refiere Lacan (1987, p. 245): *"... cuando no hay intervalo entre S1 y S2, cuando el primer par de significantes se solidifica, se holofrasea, obtenemos el modelo de toda una serie de casos ...".*

Respecto a N., partir de la introducción de estas ofertas en la intervención es que se alcanzó a producir algo nuevo, un vacío, breve, que aloja lo otro, con la relevancia que este movimiento supone; ya que habilitó otra escucha y un posterior desplazamiento a otra cuestión -que incluso podría sopesarse como enlazada con un arrojar, versión del primer término del fort-da (Freud, 1976, p.14)-.

¿Qué nos aportan, estas reflexiones, a los musico-terapeutas?

Este particular recorte y los intentos de elaboración puestos en juego nos permiten comenzar a ubicar entre signos de interrogación la posición que adoptamos en la clínica del autismo; incluso de modo particular y profundo a quienes nos desempeñamos como musicoterapeutas, estribando parte de nuestra oferta e intervención sobre el recurso sonoro-musical.

Teniendo en cuenta estas cuestiones, la introducción de nuestra principal herramienta no puede ser, en ningún punto, inocente, sin cierto cálculo. En ocasiones, la iniciativa que podemos estar representando en tanto alteridad, puede conllevar el desencadenamiento de una crisis en el sujeto autista, o sólo aportar material que devendrá estereotipia, plus de goce. De ningún modo esto debe hacernos retroceder, inhibirnos; sino convocarnos a la reflexión en cada caso particular. Como mencioné en otro contexto (Torres, 2021, p. 54): *"... concibo que estamos convocados en la clínica a dar lugar a ciertos movimientos en un marco de audacia prudente ...".* No es esto, sino, otro nombre posible para la escucha, en su interjuego con la intervención y la dirección a la cura.

El empleo de lo sonoro-musical, como signo, es algo que en ocasiones puede resultar interesante introducir -o alojar- en tanto potencial promotor de cuestiones. Una de ellas puede versar de su operatividad en tanto signo de la presencia materna -por ejemplo- otorgando una suerte de continuidad de esa presencia en corporal ausencia: una presencia en tanto símbolo. Si bien no hallamos allí un recorrido significante aún, sí encontramos el exordio a un nuevo registro, pudiendo habilitar un distanciamiento efectivo -y pacificado- respecto al cuerpo del Otro primordial, punto en reiteradas veces harto complejo de transitar para el sujeto. En la clínica, la referencia, aunque muchas veces repetitiva, a algunas canciones por cada sujeto privilegiadas, enmarcó tales movimientos, permitiendo habitar el espacio de consultorio sin que la presencia física materna se tornara condición sine qua non.

Otra versión posible es la configuración de un llamado del sujeto por medio de la apelación a elementos sonoro-musicales a partir de los que exige una lectura unívoca, sin deslizamientos. En ese punto, el forjamiento de un enlace con un otro la torna válida. En palabras de Laurent (1999, p. 163) respecto a la orientación del tratamiento: *"Se trata de convertirse en el nuevo partenaire de ese sujeto, fuera de toda reciprocidad imaginaria y sin la función de la interlocución."* El rol de partenaire es adecuado en la clínica del autismo, por su carácter democrático, de pacto.

Existe también una otra versión de lo sonoro-musical ligada al significante en el contexto de esta clínica; y se enlaza con una posible funcionalidad de velo respecto a la introducción de la diferencia que supone el Otro. Aquí, el recubrimiento sonoro-musical opera como una suerte de camuflaje de la intencionalidad del Otro -de su demanda- que en otro espacio nominé como un *"hiyab musical"* (Torres, 2021, p. 58).

Retornando a Lacan, si acordamos en que los autistas se escuchan a sí mismos, pero también escuchan muchas otras cosas -y partiendo de la base que suponemos en ellos un padecimiento- es que podemos sostener la inclusión de la oferta de lo sonoro-musical como vía de intervención, en pos de habilitar desde el despliegue de cada caso un deslizamiento metonímico que aliviane la particular relación al Otro y las irrupciones de goce.

¿Por qué Lacan, entonces? Porque las formulaciones provenientes del campo del psicoanálisis lacaniano sopesadas aquí nos permiten construir un marco de orientación de la labor clínica en el campo del autismo que, de no estar presentes, nos dejan frente al observable clínico en tanto elemento puramente disruptivo sólo a ser normalizado mediante una reeducación -que, si retornamos una vez más a Lacan, nos deja ver a las claras el efecto devastador sobre el sujeto autista-.

"... las prácticas psicoanalíticas tienen todas ellas (...) un punto en común: se basan en la escucha del otro."

(Maleval, 2012, p. 10)

Referencias

Barberis, M. (2010) *El soportable horror de la música.* Letra Viva.

Basso, M. J. (2013) *Una aproximación psicoanalítica al autismo.* Letra Viva.

Freud, S. (1976) *Obras completas.* Tomo XVIII. Amorrortu.

Lacan, J. (1987) *El Seminario. Tomo XI. Los cuatro conceptos fundamentales del psicoanálisis.* Paidós.

Lacan, J. (1988) *Intervenciones y textos II. Manantial.*

Lago, D. (2020) *Cuatro conceptos fundamentales del recurso sonoro/musical. Revista Digital de la Red Latinoamericana de Musicoterapia en la Primera Infancia,* 5, 22-26. Recuperado de https://issuu.com/redlatinoamericanademusicoterapiapa/docs/revista_205_20final_20

Laurent, E. (1999) *Hay un fin de análisis para los niños.* Colección Diva.

Lecourt, E. (2010) *Descubrir la musicoterapia.* Lumen.

Maleval, J. C. (2012) *¡Escuchen a los autistas!* Grama.

Quignard, P. (1998) *El odio a la música.* Ed. Andrés Bello.

Soler, C. (2004) *El inconciente a cielo abierto de la psicosis.* JVE.

Strauss, M. (1998) Para una especificidad del autismo. En *Temas cruciales. Las psicosis en la infancia.* Vol. 1. Atuel.

Torres, J. (2021) *(h)usos de lo sonoro-musical.* Ricardo Vergara Ediciones.

Wagner, G. (2000) Repensando un caso de la aplicación de la musicoterapia en una niña autista con sordera congénita. En Benenzon, R., *Aplicaciones clínicas de la musicoterapia.* (pp. 227-243). Lumen.

Javier Torres

Lic. en Musicoterapia (USAL). Musicoterapeuta en Prevención de la Salud (USAL). Posgrado Oficial de Musicoterapia del Gobierno de la Ciudad de Buenos Aires en el Hospital General de Agudos Dr. Carlos G. Durand. Autor del libro *"(h)usos de lo sonoro-musical"*; y otras publicaciones científicas. Expositor en Congresos. Dedicado a la atención clínica de niños y adolescentes en el ámbito de la Salud Mental; actualmente en la esfera de consultorio particular y espacios institucionales privados en la Ciudad Autónoma de Buenos Aires.

E-mail: licjaviertorres@gmail.com

Pulsación, intervalo y síncopa: música y sujeto del inconsciente

Franco Vago

> *...el analista es,
> si puedo decir, un interpretante.*
> J. Lacan (1962)

Un músico, al igual que un analista, es interpretante de un discurso el cual se encuentra estructurado por un sistema de leyes internas que implican la sujeción al lenguaje. Música y sujeto del inconsciente comparten propiedades que permiten un hacer particular. La función del interpretante es la de habilitar otra lectura posible y en consecuencia otro movimiento discursivo.

¿Por qué Lacan y la música? Propongo extender la pregunta original que titula el presente libro, no sin introducir en la misma, un esbozo de respuesta. En sus últimos años de enseñanza, Lacan (1973) anuncia que *"será preciso que alguna vez, en fin, no sé si alguna vez tendré el tiempo para ello, hablar de la música en los márgenes"* (p. 19). Lo curioso, y en consonancia con lo que nos convoca aquí, la pregunta, es ¿por qué en los márgenes? ¿al margen de qué?

Además de indicar un límite, una marca, la orilla de una cosa, *margen* también implica -en su cuarta acepción según el diccionario de lengua española- ocasión, holgura o espacio para un acto o suceso. Para hablar al margen de algo, es preciso establecer ciertas coordenadas y referencias que establezcan una estructura[1], allí donde el aparato significante se pone a funcionar. Es indudable que lo musical es no-todo apresable

---

[1] La noción de estructura es trabajada por Lacan en diferentes momentos de su enseñanza. Particularmente en el *Seminario 3*, la define como "la estructura es primero un grupo de elementos que forman un conjunto co-variante". J. Lacan, 1955-6, *"Las Psicosis"*, p. 261, Ed. Paidós, Buenos Aires 2015.

por lo que constituye a la razón[2]; sin embargo, no deja de precisar de un margen para producir algún tipo de suceso o acto[3]. Hablar de algo *al margen*, ¿no es acaso una arista que hace a la práctica psicoanalítica?

En tanto discursos, la música y el psicoanálisis lacaniano se encuentran en un punto de intersección vaciado a priori de todo sustancialismo. Lacan (1969/0) postula en el seminario 17: *"...el discurso como una estructura necesaria que excede con mucho a la palabra... Prefiero, dije, incluso lo escribí un día, un discurso sin palabras"* (p. 10) Siguiendo esta referencia y sujeto a la finalidad del presente trabajo, postularé a la música como un discurso que, vaciado de sonoridad, es decir, de aquello que se escucha, proporciona una escritura que habilita la función de lectura.

¿Qué implica entonces pensar la música como un discurso sin sonido? Vaciarla de sustancia sonora y reparar en aquello que compete a la escritura. Llevo más allá la propuesta, diferenciando dos lugares posibles para la música: el del *discurso del Otro*- donde lo sonoro-musical es encarnado y provee de lazo-, y el *A*, es decir el orden simbólico en donde opera la lógica de articulación significante[4]. Este recorte permitirá situar las tres propiedades a las que Lacan hace alusión para dar con el lugar en donde adviene el sujeto del inconsciente: pulsación, intervalo y síncopa[5].

Ahora bien, para ceñir lo que implica la escritura en el modelo teórico propuesto por Lacan utilizaré las siguientes citas. La primera correspondiente a la clase del 9 de enero de 1973, en el marco del Seminario 20 *Encore*, y la otra, en *El momen-*

---

[2]   Tal es el argumento que Freud expresa y por el cual no se termina de interesar por la música. En Freud, S.: *"El Moisés y Miguel Ángel"*, t. XIII, Amorrortu, Buenos Aires, 1980, p. 217.

[3]   Recomiendo el libro titulado *"El odio a la música"* de Pascal Quignard para ampliar sobre lo producido por lo sonoro-musical en relación a lo contextual.

[4]   Para profundizar la diferencia entre Otro y A recomiendo el trabajo realizado por Alfredo Eidelsztein en *"Las estructuras clínicas a partir de Lacan"* Vol. 1, Bs As., Letra Viva, 2019.

[5]   Para trabajar estos tres conceptos utilizados por Lacan, tomo como referencia el Seminario 11, "Los Cuatro Conceptos fundamentales del Psicoanálisis".

to de concluir, a la altura del Seminario 25 en la clase del 10 de enero de 1978. La primera cita expresa lo siguiente: "Si *hay algo que puede introducirnos a la dimensión de lo escrito como tal es percatarnos de que no más que el significado, tampoco el significante, tiene que ver con las orejas, sino solamente con la lectura...* (Lacan, 1973, p. 17) Este postulado permite establecer una torsión más a la función del analista en tanto *interpretante,* dado que no sólo basta con una escucha particular, sino que exige una lectura novedosa del asunto[6] en cuestión, y la dimensión de lo escrito es lo que la posibilita. Conviene entonces, siguiendo a Eidelsztein (2003), postular que *"la clínica del psicoanalista no es la clínica de la escucha... sino la clínica de la lectura, la de la instancia de la letra en el inconsciente... el psicoanalista no escucha, lee en lo que escucha."* (p. 122)

En la segunda cita seleccionada Lacan expresa: *Las matemáticas hacen referencia a lo escrito... ¿Cuál es el lazo, sino el lugar, de la representación de lo escrito? Tenemos la sugestión de que lo Real no cesa de escribirse. Es seguramente por la escritura que se produce la activación. Ello se escribe, igualmente lo Real, pues es necesario decirlo: ¿de qué modo lo Real aparecería si no se escribiera?* (Lacan, 1978, párr. 9). Si lo Simbólico atañe al lenguaje, entonces la escritura compete a lo Real. De este modo es posible pensar que los discursos aquí evocados están soportados por relaciones numéricas y posicionales que hacen surgir en los dichos toda una serie de efectos subjetivos.

Cuando se establece en música un ritmo, un pulso e incluso una melodía resulta menester trazar una cuenta y los elementos sonoros vienen a situarse allí; en un 4/4, 3/4, 6/8, figuras que establecen un compás, una acentuación, una división y un movimiento particular. Es entonces por la escritura que se produce la activación como así también ésta determina el imposible lógico que dará lugar a lo Real en cuestión.

---

[6]   Asunto es una de las acepciones posibles del francés para el término "sujet". Esta indicación resulta pertinente para considerar al sujeto en una trama significante y no confundirlo con el hablanteser o el analizante. En música, el asunto puede pensarse como la articulación de elementos localizados en una trama discursiva.

En tanto analistas nos compete situar coordenadas pertinentes para un hacer clínico comandado por lo particular del sujeto; el músico también lo hace, pues no se puede leer -tocar- y hacer las veces de *interpretante* sobre aquello que no está escrito. Aun en la ausencia de una partitura, la música implica una máquina funcionando que establece elementos diferenciales articulados entre sí. Estos elementos covarían y el valor que adquieren no está dado a priori, sino que son efecto de la relación que establecen entre ellos. Así planteados, toman estatuto de significante, tal como lo expresó Lacan (1975) en Ginebra: *"El significante es algo que está encarnado en el lenguaje... de manera tal que un sonido, en tanto significante, es diferente de otro"* (p, 22). Cabe entonces aclarar que la diferencia no solo está sujeta a la cualidad de la sustancialidad sonora, sino al sistema de oposición que ofrece intrínsicamente la unidad mínima en la que se presentan los significantes, es decir el bucle que se escribe $S_{1\text{-}S2}$, una escritura.

En este punto, el texto discursivo con el cual se opera en un psicoanálisis, aquel que se entrama en el entre analista y analizante ¿requiere de una maniobra de escritura lógica para dar con el lugar que atañe al sujeto del inconsciente? ¿resulta imperioso para el hacer del analista leer el sentido en que se estructura el discurso, localizar qué efectos produce respecto a la posición sintomática del analizante? Si el inconsciente está estructurado como un lenguaje y es el discurso del Otro, estas preguntas habrán de ser sostenidas y elaboradas cada vez que se ocupe el lugar del analista, en vistas de "… agudizar el oído a lo no-dicho que yace en los agujeros del discurso, pero esto no debe entenderse como golpes que sonasen detrás de la pared." (Lacan, 2014, p. 295). Si trabajamos con el significante, y aquí conviene diferenciarlo de las palabras o de los sonidos, dado que "el significante, de ninguna manera, puede limitarse a ese soporte fonemático" (Lacan, 1972, p.10), debemos entonces no perder de vista las propiedades y leyes de funcionamiento que hacen a éste:

a)   En tanto tal no significa nada y su capacidad de significar depende del sistema de co-variación.

b)   Implican tanto el ámbito de la cadena significante (anticipación y retroacción), como el de la batería o tesoro de significantes (conjunto sincrónico).

c)   Constituyen un conjunto, más no una totalidad (no-todo) y el valor que adquieran dependerá del sistema de relaciones combinatorias entre ellos, siendo sus leyes la metonimia y la metáfora.

En consonancia a esto, Eidelsztein (2003) propone que *"la estructura del significante no es ni un objeto real, ni un modelo teórico, es más bien una máquina que determina la realidad del sujeto hablante"* (p. 53). He aquí una articulación directa a lo que implica la música, dado que, tal como lo expresa el músico y psicoanalista José Berardozzi (2011) *"... ofrece, en comparación con la pintura, muchas más articulaciones, funciones y elementos para ubicar la estructura significante en el lenguaje"* (p. 34).

Pulsación, intervalo y síncopa no son sino un tipo de escritura musical y analítica, que determinan el valor de los elementos, las posiciones de los decires y el sentido de un discurso que produce algún tipo de efecto sobre el sujeto; estableciendo el margen en cuestión, posibilita al analista *Otra lectura* para el advenimiento de la interpretación, es decir, del acto analítico.

Pulsación es un concepto que remite, en principio, a lo temporal. Implica una sucesión constante que establece una repetición otorgando así un movimiento de apertura y cierre de un compás. Infiere también en lo espacial, dado que los elementos se localizan en determinadas posiciones que se pueden visualizar, por ejemplo, en un pentagrama[7]. De la pulsación es que se puede deducir el movimiento de apertura y cierre que constituye el *fading* del sujeto del inconsciente. Tal como lo expresó Lacan en *Posición del Inconsciente* (1964) *"...el sujeto traduce una sincronía significante en esa primordial pulsación temporal que es el fading constituyente*

---

[7]   Invito al lector que desee profundizar la cuestión del pentagrama a leer *"La noción de pentagrama: una propuesta al psicoanálisis"* (Vago, 2021, en www.psimusico.wordpress.com).

de su identificación" (p. 19). Ahora bien, esta pulsación no puede ser leída por fuera del concepto de estructura. En ese sentido conviene leer a la letra la indicación de Lacan: *"... el inconsciente es lo evasivo, pero logramos circunscribirlo en una estructura, una estructura temporal, de lo que bien puede decirse que, hasta ahora, nunca había sido articulada"* (Lacan, 1964, p. 40)

La pulsación, soportada por una escritura particular, produce el movimiento discursivo y a su vez otorgar posibles lugares para la síncopa y el intervalo. No propone una mera repetición de tipo estereotipada, sino que traza las coordenadas en donde el automaton viene a tropezar con algo siempre fallido, allí donde se produce la síncopa del sujeto.

En música, la *síncopa* permite el deslizamiento de un elemento -significante- que en la estructura pulsátil no poseía una acentuación sino más bien débil, generando de la regularidad continua, una discontinuidad. Dicho desplazamiento rompe con la regularidad de la máquina dialectizando la formulación por la pregunta y en efecto un nuevo modo de operar sobre ésta. Esta observación no es menor si se tiene en cuenta la referencia que hace Lacan al respecto: *"Si tienen en mientes esta estructura inicial, ello les impedirá entregarse a tal o cual aspecto en lo tocante al inconsciente, que el inconsciente, es el sujeto, en tanto alienado a su historia, donde la síncopa del discurso se une con su deseo"*. (Lacan, 1964, p. 34).

En lo que respecta al *intervalo*, solo haré referencia a aquel lugar en donde se constituye el sujeto. La noción de intervalo en Lacan tiene un lugar preponderante dado que ubica allí toda una serie de conceptos y operaciones que exceden el alcance del presente trabajo. Reparo en la fórmula canónica que Lacan plantea para establecer la definición de sujeto, lo que un significante representa para otro significante. Pareciera que este término tiene una ligazón directa con la noción de espacio, de lugar. Si bien es cierto, y topológicamente es que cobra su mayor importancia, no es posible des-articular las dos dimensiones (tiempo-espacio) que operan en los discursos. Se encuentran inmixionadas por las relaciones de escritura que mantienen entre ellas. Bien podría decirse que no es posible situar un intervalo sin un pulso, y veríamos la necesidad inmediata de que tampoco se podría localizar un pulso si no existiera una distancia entre los elementos, definición de intervalo en música.

El punto a resaltar de la noción de intervalo es que, además de suponer una distancia entre dos elementos, genera una oquedad entre estos, la *beance* donde adviene la causa del sujeto del inconsciente. De modo tal que esta distancia -que en música es nombrada como intervalo de primera, segunda y así sucesivamente- traza una cuenta numérica que a su vez habilita en el entre elementos, un lugar vacío, pero de radical importancia: allí donde el silencio hace de los sonidos, elementos articulables; allí donde un corte remite a la posibilidad de un sentido hasta entonces desconocido por el sujeto.

Las palabras, los sonidos, los gestos, los silencios, generan todo tipo de efectos en la realidad del sujeto hablante. Estas entidades significantes son de carácter abstractos, pues no pueden tocarse, ser apresadas, más que de un modo evanescente. En este punto, es donde se halla una posible articulación entre la música y el psicoanálisis dado que las funciones implicadas en ambos campos, remiten a un sistema absolutamente virtual pero fuertemente estructurado por leyes internas que determinan su funcionamiento. Oficiar de interpretante requiere de un ejercicio de lectura y, no se puede leer -ni mucho menos habilitar una reescritura- de aquello que no está escrito. En palabras de Lacan (1973): *"se trata de saber, en todo esto, lo que en un discurso se produce del efecto del escrito... es al considerar que las cosas son obvias que uno no ve nada de lo que sin embargo se tiene ante los ojos, y ante los ojos en lo que concierne justamente al escrito"* (p. 17).

La apuesta de poner a dialogar estos dos campos no hace sino poner de relieve una función que atraviesa a ambos, la del movimiento, siempre implicado en el deseo.

Bibliografía

Berardozzi, J. (2011). *Música en la estructura*, Gramma ediciones.

Eidelsztein, A. (2003). *Las estructuras clínicas a partir de Lacan*, Vol. I, Letra viva.

Lacan, J. (1964). *El Seminario. Libro 11. Los cuatro conceptos fundamentales del psicoanálisis*. Paidós.

Lacan, J. (1969/70). *El Seminario. Libro 17. El revés del psicoanálisis*. Paidós.

Lacan, J. (1972/73). *El Seminario. Libro 20. Otra vez, Encore*. Versión critica, Ricardo Rodriguez E. Ponte.

Lacan, J. (1977/78). *El Seminario. Libro 24. L' unsui,* Versión inédita.

Lacan, J. (1988) Intervenciones y textos II. Manantial.

Franco Vago

Es psicoanalista, músico, Lic. en Musicoterapia (USAL). Miembro de Apertura para Otro Lacan (APOLa). Posgrado de psicoanálisis y autismo en la Universidad Nacional de Córdoba. Ex profesor ayudante de la cátedra Musicoterapia III de la Universidad del Salvador. Dedicado a la atención clínica en el campo de la Salud Mental en instituciones y consultorio particular.

E-mail: licfrancovago@gmail.com

¿Qué es un hombre?

Andrea Karina Pérez

Hombres, machismo, patriarcado, violencia, son algunos de los términos que en la actualidad se entrelazan y hasta yuxtaponen, llegando en muchos casos a con-fundirse. Aun así, hay una clara línea que divide: el hombre es culpable (a excepción del varón deconstruído, pero siempre a prueba) mientras que la mujer es víctima. Una periodista argentina y activista feminista en una entrevista publicada en el diario Página 12 (25/9/20) afirma: *"Básicamente creo que los hombres nos odian"* (Tessa, 2020). Es un botón de muestra del actual estado de situación; aunque también es importante señalar que no se puede hablar de feminismo, sino que nos encontramos con los feminismos en plural, lo que da cuenta de que no se trata de un discurso único y homogéneo, aunque resulta verificable la tendencia a la homogenización de los conceptos e ideas a partir de la llamada corrección política. El psicoanálisis justamente, ha nacido de la incorrección que se vehiculiza en la llamada regla de asociación libre, vigente hasta nuestros días. Lacan ha indicado la necesidad de que el analista esté a la altura de su época. ¿Cuál será entonces la posición que más convenga a su práctica en la época en la que la diferencia se torna enemigo? Ni conservador ni progresista, el psicoanálisis apunta a lo más singular del sujeto, allí donde lo real de la pulsión intenta abordarse bajo la reeducación, el psicoanálisis se ofrece como un espacio donde se aloja eso ineducable, aquello que escapa a los protocolos, advertido de que no hay objeto que pueda brindar satisfacción plena.

Violencias: ¿producto de qué patriarcado?

Si bien no me detendré en el tema de las violencias, me serviré de este fenómeno para realizar un acercamiento a ciertos conceptos que circulan en lo social en relación al patriarcado y sus efectos de sometimiento hacia las mujeres. Desde ya que no podemos soslayar el fenómeno del cual, en la mayoría de los casos, las mujeres son víctimas. El cambio de denominación de crimen pasional por el de femicidio en el campo jurídico, intenta dar cuenta de la supremacía otorgada históricamente al varón por sobre la mujer. Sin embargo, podemos verificar, que esa maniobra nominal no alcanza a acotar el real en juego en dichos actos violentos, en la medida en que desconoce algo fundamental, que el psicoanálisis no deja de subrayar, que amor y odio son dos caras de la misma moneda. Los tratamientos que intentan abordar estas cuestiones desde lo terapéutico-reeducativo, rechazan la consideración acerca de los condicionamientos inconscientes implícitos en dichos actos violentos. La película española Te doy mis ojos (Bollaín, 2003) muestra este fracaso.

Una definición de patriarcado extraída de un diccionario señala: *"predominio o mayor autoridad del varón en una sociedad o grupo social"*; mientras que su origen se vincula a la raíz indoeuropea páter (padre). En este sentido padre y hombre quedan en serie. Lacan realiza una operación lógica del padre, en la medida que lo despega de la novela y lo erige en tanto función. Pero dicha función no puede ser pensada por fuera de las coordenadas de la época. En este sentido la figura del padre desde hace mucho tiempo ha dejado de tener la consistencia de antaño *"El mercado global, gracias a la ciencia, reduce al padre a un objeto como los demás"* (Laurent, 2013). Por otra parte no puede desconocerse el rol que la mujer ha tomado desde hace muchísimos años en el espacio político y social, dejando de ser el hogar el reducto de su accionar, aunque en ciertos lugares eso aún sea una utopía (mientras escribo esto se está produciendo en Afganistán la reconquista del poder por parte de los talibanes). Podríamos entonces plantear un interrogante frente a la voz unísona ¿será acaso efecto de este sistema los diferentes modos de maltrato, violencia, abuso y muerte ejercida sobre las mujeres o más bien se trata de expresiones del machismo que como bien sabemos escapan al género? En este sentido sólo basta con leer los comentarios que infinidad de mujeres realizan defenestrando a otras por razones políticas, morales o sexuales. El machismo es siempre el ejercicio de un poder que no soporta el goce ajeno, esto es, femenino, en tanto aparece como opaco, tanto para ellos como para ellas mismas aunque lo experimenten. Así, que el machismo, se erige no contra las mujeres sino en contra de lo femenino que hay en el otro y en lo propio; es justamente éste, una las razones por las cuales la homosexualidad sobre todo masculina y aún en nuestros días, continúa siendo blanco de sorna y agresión.

Virilidades ¿qué hay de nuevo?

Aunque Freud consideró la anatomía como destino, también se encargó de extraer las consecuencias subjetivas de ella derivada (Freud, 1981). Es decir que se trata de un hecho simbólico sobre ese real que es el cuerpo. Lacan por su parte, a través de las tablas de la sexuación, sustrae la cuestión de la femineidad y la masculinidad del plano biológico, enlazándolo al goce. Si bien ambas posiciones se encuentran en relación al falo, la mujer no se inscribe enteramente en él, estableciéndose así un goce más allá. Es esto lo que se describe bajo la famosa rúbrica del no toda del lado femenino, que nada tiene que ver con una supuesta incompletud de la mujer. Siguiendo en esta dirección, podemos afirmar que ser hombre o mujer es efecto de discurso en la medida que no hay esencia.

Desde hace muchísimos años la queja femenina gira en torno a la falta de hombres, independientemente de que éstas estén o no en pareja. ¿Es que no hay hombres como escuchamos a menudo, o no hay hombres que consientan hacer de una mujer su síntoma, hombres que estén dispuestos a constituirse en padres? Una encuesta realizada en Julio de 2020 en Argentina reveló que sólo el 28% utilizan las aplicaciones para encontrar pareja, mientras que el 33% lo hace para tener sexo casual, siendo que los hombres duplican en cantidad su participación en dichas aplicaciones.

Lacan adelantó este estado de cosas a partir del análisis de Juanito en el Seminario 4. Allí se encarga de señalar dos cuestiones que resultarán a la postre solidarias. Por un lado, la carencia de la función paterna y no justamente porque este padre no haya estado presente en la crianza de su hijo, sino porque se trataba de un hombre demasiado encantado con su niño y enamorado de su mujer. Es decir, un padre que no opera como agente de castración…sobre la madre. Por otra parte, advierte que Juanito *"...se sitúa en determinada posición pasivizada y cualquiera sea la legalidad heterosexual de su objeto, no podemos considerar que agote la legitimidad de su posición"* (Lacan, 2004). Así, más allá de su elección de objeto, su masculinidad quedará ligada a la identificación con el falo materno, pasando a formar parte de una categoría de hombres: aquellos que esperan que las iniciativas provengan del otro.

Las mujeres, no cesan de señalar que deben ser ellas las que toman las iniciativas, son las que hacen mover a los hombres. Desde el psicoanálisis sabemos que la virilidad no es patrimonio de los hombres, las histéricas dan testimonio de ello. Cada época y cada cultura muestra su ideal de masculinidad, la presente está regida por esos hombres que cultivan su cuerpo y su estética pero no ya como elemento de seducción o de lazo al otro, sino más bien como un modo de convocar la mirada. Esta posición que antaño estaba ligada a lo femenino, en la actualidad ha equiparado a ambos sexos. Se podrá aducir con razón, que no todos los hombres se encuentran así de compelidos por su estética, sin embargo, es a través de este "modelo" que podemos ver el estatuto del cuerpo del hombre en la actualidad, en tanto un cuerpo que a la par que se exhibe, se rehúsa, se escabulle del encuentro con el partenaire. Un hombre que usa las aplicaciones de citas, afirma que prefiere pagar un hotel o ir a la casa de la mujer en cuestión porque eso le permite una vez finalizado el encuentro volverse a su casa, no quiere bajo ningún aspecto, que las mujeres se queden en la suya. ¿Esto es porque es un malvado con las mujeres a quienes usa y tira? Por su parte y a juzgar por los efectos de su accionar, no parece que ellas se sientan tan ofendidas. Más bien este sujeto se defiende de su propio fantasma que no es otro que quedar a merced de las mujeres y es por esta misma maniobra que allí queda enredado. ¿No es acaso el *"ser un dominado"* una chanza común entre los hombres cuando no una injuria? El mito de Adonis nos proporciona una vía regia para pensar esta cuestión tan actual en relación a la posición de los hombres. Adonis nace de una relación incestuosa entre Cíniras y su hija Mirra. Afrodita molesta con esta última debido a que no la adoraba, decide castigarla haciendo que duerma con su padre quien no reconoce a su hija porque dichos encuentros se llevaban a cabo una vez que se hubiere puesto el sol. De dichos encuentros Mirra resulta embarazada desatando la cólera de su padre quien ahora ha entendido que era con su hija con quien él se acostaba cada vez. Así intenta quitarle la vida pero su plan fracasa debido a que Mirra escapa y con la ayuda de los dioses, logra convertirse en una planta, un arrayán. El arbusto comienza a crecer y crecer hasta que se parte y es de esa partición que Adonis nace, mostrando desde ese momento su inmensa belleza. Afrodita queda ahora prendada por la belleza de ese niño, a quien entrega en una caja a Perséfore para que lo guarde, lo preserve. El problema se suscita cuando esta última descubre el contenido de la caja quedando también atrapada por la belleza de Adonis a quien entonces se rehúsa a devolver a la diosa del amor. Para zanjar esta cuestión Zeus decide que Adonis deberá pasar una tercera parte del año con Afrodita, otra con Perséfore y el resto del tiempo, solo. Según otra versión es la musa Calíope quien oficia de juez en la disputa, sancionando que Adonis deberá pasar una mitad del año con Perséfore y la otra con Afrodita (Mitos y Leyendas). Más allá de esa diferencia en la versión del mito, lo que deseo señalar es la posición pasiva de Adonis entre estas dos mujeres que se lo disputan, mientras que de su deseo nada puede saberse.

¿Dónde están los hombres?

Tomando el punto anterior respecto del silencio de los hombres podríamos decir que esta posición es bastante común entre ellos. Que los hombres no son muy dados a las palabras cuando de amor se trata, no es ninguna novedad y de hecho son las mujeres las que demandan que hablen: *"Teobaldo tenemos que hablar"* le dice Nora a su marido en la obra de Ibsen, Casa de muñecas. Más allá de este silencio estructural podríamos preguntarnos qué lugar hay en la civilización actual, en el contexto de los postulados y reivindicaciones feministas (no todas), para la palabra masculina, entendida ésta no sólo en relación al hombre sino como aquello que pueda aparecer como disonante frente a dichos postulados y formulaciones. ¿Se trata del silencio o más bien del rehusarse a decir en tanto lo que opera como mandato en la época actual, es, como plantea Mónica Torres (Torres, 2017), un empuje a la mujer, no en términos de la psicosis sino más bien como un modo de homologación entre los sexos que rechaza cualquier alteridad? En lo personal acompaño y celebro todas las luchas y conquistas en materia de derechos por parte de las mujeres, pero como sabemos el analista no está allí en tanto persona, es este borramiento justamente lo que posibilita su accionar en tanto sostiene el no hay relación. De este modo, el psicoanálisis puede ser el escenario desde el cual un sujeto logre encontrar un arreglo singular al malestar entre los sexos que no cesa de manifestarse aunque ciertos discursos nos prometan que si abolimos las diferencias, nuestro será el reino de los cielos.

Bibliografía

Bollaín, I. (Dirección). (2003). *Te doy mis ojos* [Película].

Freud, S. (1981). Algunas consecuencias psíquicas de la diferencia sexual anatómica, *Obras Completas* (Vol. 3). Madrid: Biblioteca Nueva.

Lacan, J. (2004). *El Seminario, Libro 4; La relación de objeto*. Buenos Aires: Paidós.

Laurent, E. (2013). Un nuevo amor por el padre. En M. Torres, G. Schnitzer, A. Antuña, & S. Peidro, *Transformaciones: Ley, diversidad,sexuación* (pág. 404). Grama Ediciones.

Mitos y Leyendas. (s.f.).

Tessa, S. (25 de 9 de 2020). El deseo, los feminismos y la crueldad. *Diario Página/12*.

Torres, M. (14 de 8 de 2017). La Familia y El Malentendido. Particular: Madre sola y nuevas virilidades. *Radio Lacan*. Santiago de Chile.

Andrea Karina Pérez

Lic. en Psicología. UBA
Diplomada del ICDEBA
Ex profesora en escuelas de nivel secundario
Ex integrante del COF (Centro de orientación familiar) dependiente de la Modalidad de Psicología Comunitaria y Pedagogía Social. DGCYE
Responsable local de la Delegación Pilar del IOM2 (Instituto Oscar Masotta)
Responsable junto a Luciana Nieto del Curso "Hombres"!!. Masculinidades de ayer, hoy y siempre, dictado en el marco de actividades de extensión dela Delegación Pilar del IOM2.
E-mail: akperez_psi@yahoo.com.ar

Algo en que creer...

Luciana Nieto

Distintos fenómenos contemporáneos tanto políticos como sociales, nuevos discursos o viejos estigmas hacen que me pregunte si el sujeto contemporáneo cree en algo? Hace tiempo que tenemos como marco el declive y caída de los semblantes del Nombre del Padre. La gran familia antigua alrededor del padre ya desapareció, y lo que aparece en su lugar es la producción capitalista que reduce *la familia a la familia conyugal.* Ya en 1938 , Lacan nos advertía la decadencia de la imago paterna. Esta tendencia capitalista a la globalización hace que irrumpa un empuje al goce desenfrenado , dejando a la vista la impotencia del significante en atrapar algo ese real en juego, es decir, la que palabra ya no alcanza!. El significante del NP no logra atrapar y metaforizar todo el goce, algo escapa...

En un intento, siempre fallido por cierto, de estar a la altura de la subjetividad de la época, surgen más preguntas que respuestas. ¿En qué cree el sujeto hoy? Quizá forzando un poco las cosas, y a modo de hipótesis, podríamos decir que los discursos de género funcionarían como "las nuevas religiones"? Serian estas las nuevas creencias del sujeto, que hacen consistir a un Otro en esta época?

Miller afirma que la idea del declive viril, incluso su desaparición del mundo contemporáneo, no es pensable sin el declive del padre. ¿Van juntos entonces padre y virilidad, al punto donde la caída de uno se identifique con la caída del otro?

Bien, y ¿por qué Lacan?... porque nos permite pensar cual es la particularidad de nuestro época, con sus nuevas presentaciones y discursos. Sabemos que esta no es su época y mucho menos la de Freud, pero con sus conceptualizaciones podemos pensar la actualidad y poner en perspectiva conceptos claves de la teoría psicoanalítica, como el Nombre del Padre, la función paterna y la creencia, tratando de precisar lo que falla de esta función, es decir su carencia. Dando lugar a nuevas maneras de pensar e incidir desde el psicoanálisis.

Función Paterna

En su última enseñanza, Lacan nos da una brújula para abordar esta pregunta al invitarnos a subrayar un movimiento que es clave: El pasaje de: "Creer en el padre" a "Creer en un padre". Podemos situar la función simbólica del padre como representante de la ley del deseo. Es a partir de la función normativizante que encarna el padre con su palabra y el "no" que conlleva la función de prohibición, que se instala la dimensión del deseo

La función del Nombre del Padre introduce un NO, una prohibición que en la versión Freudiana queda más novelada del lado del mito, pero que finalmente se trata de una operación de estructura en tanto es una función de limite. El padre entones es un operador en relación al goce, es decir que la función paterna designa una operación de tratamiento del goce vía lo simbólico, ya que en la metáfora lo que aparece bajo la forma del DM es el goce.

La constitución subjetiva del sujeto requiere de la condición de un deseo de la madre particular, que articule al niño, en términos de ubicarlo en un deseo que no sea anónimo, y también la condición de la función paterna como el lugar donde ese nombre se inscribe. Entonces diríamos que el NP une el deseo y la ley.

La época actual muestra la falla de esta función en los síntomas, que evidencias en primer plano los desarreglos del goce. Adicciones, anorexias, etc. evidencian el exceso que reclama el derecho al goce autista en detrimento de los lazos con los otros. Lacan ubica la falla o el declive de lo viril, es decir de la función paterna, se puede ubicar en el segundo tiempo. Son sujetos en los que, si bien hay una referencia simbólica, tiene que haber una intervención de la ley que no es una referencia general a la ley, como abstracción, sino que es una ley que tiene que estar situada por una persona real. Son sujetos que pueden gozar pero hay una imposibilidad de situarse en el deseo.

Sabemos con las tablas de la sexuacion, que del lado de la posición sexuada masculina se articula la ley en el sentido universal: "para todo sujeto debe regir el falo" pero debe articularse con otra fórmula que diga que tiene que haber al menos uno que diga un "NO" donde eso no rija. La decadencia se ubica ahí, en la imposibilidad de articula lo universal de la ley para todos con la singularidad de alguien

Con todo, y para seguir planteando hipótesis, podríamos decir que frente a esta decadencia de la función paterna y la imposibilidad de encarnar un NO, los feminismos con los discursos de género, la proliferación de leyes y de instituciones no serían una manera de hacer funcionar ese operador o por lo menos intentarlo?

Ley

La autoridad nace con el derecho romano y necesita del reconocimiento para legitimar las ideas, ya que es un requisito de la autoridad. Entonces la autoridad, desde su inicio, como concepto, encuentra su fundamento en la legitimidad, en el ejercicio de un poder sin violencia.

En el imperio Romano surge la autoridad en el acto fundante de la ciudad de Roma. Este acto de fundación está articulando la autoridad a la religión y a la tradición. Es a partir del desarrollo que se produce con la caída del Imperio, lo que genera un deslizamiento de autoridad a la figura de Dios. Luego con el capitalismo y la ciencia se rompe la dimensión religiosa que anudaba la tradición y la autoridad. Y produce un nuevo desplazamiento, ya no es el padre Dios, sino el padre de familia, quien ocupa ese lugar.

Sabemos, desde el psicoanálisis, que no se trata de que se haya esfumado la dimensión de la autoridad; sino que, tanto Dios como el padre de familia, no son más que semblantes.

Es decir, un entramado simbólico-imaginario. ¿Qué es la autoridad, entonces? Un andamiaje simbólico imaginario. Con Lacan, llamamos a eso, semblante. Ese semblante fue tomando distintos relevos; de modo que, nuestro desafío, es entender que el padre de familia y Dios mismo ocupan un lugar en el relevo de esa serie de elementos que vienen a responder a esta inconsistencia.

Entonces, si el padre es autoridad, es un relevo en la serie, no lo es en sí mismo. Por eso, creer en el padre tiene sus limitaciones. Se trata de creer en un padre que trasmite una versión y un modo .

Creencia

La creencia es un acto de fe. Podríamos diferenciarla de la certeza que no requiere de pruebas ni de demostraciones, simplemente Es. Por eso Lacan nos invita a ubicar la relación entre la certeza y lo real. Lo real es lo que es. La creencia requiere de pruebas, porque se monta sobre un punto de inconsistencia que Lacan matematiza en el grafo del deseo, por la vía del significante que falta en el Otro. Que falte el significante es lo que arma la grieta en el campo del Otro, el punto de inconsistencia que el Nombre del Padre viene a recubrir. La creencia implica una transferencia de un sujeto al Otro, es la asignación simbólica de poder del sujeto al Otro. Si se asigna ese poder es porque se requiere envolver un punto de inconsistencia .Para que haya creencia del lado del sujeto debe haber consentimiento a la transferencia de poder. Podríamos decir entonces, que la creencia "crea" al Otro.

El psicoanálisis como la religión, "cree" en la creencia. Es necesaria la creencia, sino sólo habría pura angustia. A diferencia de la religión, el Psicoanálisis opera con efectos de verdad; a condición de liberar esa creencia de la verdad. Por eso, la orientación es una advertencia de que el padre es un padre, y que ese padre es un relevo en una serie, que está sostenido en un acto de amor, un acto de fe. Lacan afirma en su Seminario RSI, que el padre es una creencia de la cual se puede prescindir, a condición de usarlo. Se trata del padre como instrumento que viene al servicio de poder hacer algo con la inconsistencia.

Podemos pensar a la religión como un discurso que permite creer en un Dios que está al servicio de no saber de la inconsistencia, ya que provee de una figura bondadosa que protege y a la que se teme, es un modo de no querer saber y defenderse de la castración. En este punto podemos situar que la religión se hace comparable a la neurosis infantil, y que cada neurótico tiene su religión privada, su propio sistema de creencias. Y es ahí que me pregunto si en algunos casos de fanatismo extremo, los discursos de género no cumplen también esta función de velar la inconstancia.

Para ir terminando, planteamos las consecuencias del declive de lo viril y por lo tanto del padre. Sabemos de la importancia y la vigencia del llamado Nombre del Padre, que organiza y normativiza, en función de su presencia o ausencia. Pero hoy, se verifica la pérdida de eficacia, y aquello que en el tiempo anterior fundaba y daba consistencia u homogeneidad, ahora aparece perforado por la caída de los ideales. Se produce un paso más hacia cierto estado de increencia y a la consecuente proliferación de lo heterogéneo. Esto implica un avance en pos del derecho a gozar. Esta nueva modalidad que cobra lo social atrajo nuevos modos de agrupamiento: las llamadas "comunidades de goce". Así, estas comunidades reemplazaron aquella homogeneidad propuesta. En este nuevo tiempo, orientado ahora por el goce, da lugar a un nuevo tipo de segregación bajo la máscara de la indiferencia hacia el que tiene un goce distinto del propio. de arreglárselas con el deseo y con el goce.

Verificamos que las masas no se unen en torno a un Ideal, ya no se requiere de la creencia y el amor. El lugar vacante del líder lo ocupa un Otro indiferente, desactivado de los lazos libidinales pero pese a todo, subsiste la paradójica "necesidad de creer", "creer en algo" o "en alguien". Muestra de esto hay por todos lados, bajo distintos discursos, o las banderas de los distintos pañuelos, o los distintos colectivos que terminan por homogeneizar pero en el eje imaginario. Intentando hacer consistir un NO.

Entonces, teniendo en cuenta estos desarrollos y retomando lo que decíamos de que "la creencia crea al Otro", podríamos decir que lo que hace masa o aglutina al sujeto bajo estos colectivos, que funcionan como este nuevo Otro que existe, es la proliferación de S1, de significantes amos, en un intento de atrapar el goce que se escapa, a diferencia de la identificación que ubica el lazo al Ideal y el amor al padre.

Me quedo pensando cómo se incide desde el psicoanálisis, Diríamos entonces que estas nuevas conceptualizaciones enmarcan a un nuevo sujeto que posee la particularidad de rechazar el amor? Bastara con el deseo del analista y el amor de transferencia o nos obligara a inventar nuevas conceptualizaciones…

Bibliografia

Freud S,: Psicología de las masas y análisis del yo (1921) - *Obras Completas*, Amorrortu
Lacan J,: *La Familia* (1938) - Otros Escritos -Paidós
Lacan J,: *Seminario 4 "La relación de objeto"* (1956-1957) -Paidós
Lacan J,: *Seminario 5 "Las formaciones del inconsciente"* (1957-1958) -Paidós
Laurent E, *"El reverso de la biopolítica"* (2016) - Grama
Laurent E, Miller J-A, - *"El otro que no existe y los comité de ética"* (1996-1997) -Paidós
Vaschetto E, Faraoni J – *"Una civilización sin Dios"* – *Revista Lapso* N 5

Luciana Nieto

Psicóloga UBA
Miembro de la Comisión organizadora de la Delegación de Pilar del IOM2.
Miembro de la Comisión de Biblioteca en formacion de la Delegación de Pilar del IOM2.
Miembro del Observatorio de Mujeres y Violencias en América Latina, sede EOL.

Institución hospitalaria y práctica Analítica. Del para todos... al uno por uno

Vanina Ciampa

*"Los efectos psicoanalíticos
no dependen del encuadre
sino del discurso,
es decir de la instalación
de coordenadas simbólicas
por parte de alguien
que es analista"*
J.A.M

Introducción

Hacia 1918, en *"Nuevos caminos de la terapia psicoanalítica"* Freud - siempre un adelantado - planteaba la extensión del psicoanálisis hacia otros territorios, considerando que en función de la misera neurótica en el mundo era escaso el número de personas que podían acceder a él; esperando que fuera el estado quien pudiera hacerse responsable de esta situación.

Los psicoanalistas están insertos en las instituciones hospitalarias, sin embargo la pregunta por si es posible el psicoanálisis en el hospital insiste. Resulta interesante situar en primera instancia cuáles son las coordenadas que, cada vez, lo hacen posible en tanto su existencia no está garantizada.

Miller sostiene que son los conceptos lacanianos del acto y discurso analítico, y la conclusión del análisis como pase a analista, los que nos permiten concebir al psicoanalista como objeto nómada y al psicoanálisis como una instalación móvil, es decir pasible de desplazarse a nuevos contextos, particularmente a instituciones.

Es decir que se tratará entonces de ofrecer un lugar vacío, justamente para que la resultante no sea un vacío de lugar. Advertidos que Institución y Práctica Analítica sostienen una tensión irreductible.

Advertencia que posibilitará al practicante del psicoanálisis en el hospital, situar que finalmente de lo que se trata es del encuentro con un analista, del "deseo del analista".

¿Para qué psicoanálisis en el hospital?, ¿qué puede ofrecer un psicoanalista en la institución?… en principio, la apuesta a que un sujeto advenga, sostener con su presencia la dignidad del síntoma, la dignidad del sujeto. Y allí radica el por qué Lacan, porque supo transmitir el ejercicio de una práctica ética que siempre en ese punto resultará subversiva.

La práctica analítica en la institución hospitalaria no está asegurada per se, implica partir de la premisa de que es preciso hacer existir el psicoanálisis. Lo que quiere decir, que el lugar y el lazo analítico dependen del lazo del psicoanalista con el psicoanálisis.

Época y Subjetividad

El orden simbólico en el siglo XXI ya no es más lo que era , las coordenadas actuales ya no son las de la época Victoriana. "Mejor pues que renuncie quien no pueda unir a su horizonte la subjetividad de su época" sentenciaba Lacan. ¿Cómo no leer desde allí las presentaciones actuales del padecimiento subjetivo, cómo escuchar al sujeto hipermoderno si no es estando advertidos de las marcas que produce la época en la subjetividad?.

La época Freudiana estaba caracterizada por la prohibición del goce, la pregnancia de los ideales y el padre en tanto ordenador. Hoy en cambio asistimos al imperativo de goce que empuja a un "siempre hay más", la caída de los ideales y la declinación del padre. Este último ya no regula la familia ni la sociedad, lo que comanda es el plus de gozar. Época del Otro que no existe con la consecuencia de sujetos cada vez mas inmersos en su goce autista, sujetos empujados a un individualismo extremo que los deja enmarañados en un enjambre inconsistente en función de la progresiva insuficiencia de los discursos amo que antaño ordenaban, oponían ciertas barreras al goce. Sujetos empresarios de si mismos abandonados a su suerte, lógica de mercado que intenta domesticar los cuerpos en nombre del trastorno a curar (depresión, ataque de pánico, ADD... universales que nada dicen acerca del padecimiento de cada quien).

La subjetividad arrasada por los imperativos de medición, cuantificación, evaluación y rendimiento.

Los avances de la biopolítica y la gran cantidad de estudios estadísticos que generan una búsqueda de total eficacia atraviesan la salud, los criterios del mercado se inmiscuyen en ella y en consecuencia la reducen a su valor de consumo. El régimen de la salud mental aparece no sólo como derecho, sino también como mercancía. La Ley Nacional de Salud Mental (26.657) habla del derecho de los "usuarios", el Estado habla desde un "para todos" y las empresas desde un "para todos los que puedan pagar" .

Frente al estado actual de las cosas, donde la época deja sus marcas en la subjetividad, la apuesta ética del psicoanálisis de la orientación lacaniana es una escucha que apunta a lo singular de cada sujeto -un modo de gozar- y a la causa de su malestar, sabiendo sobre lo imposible de la salud mental. Opera sosteniendo esta imposibilidad -no todo lo real puede ser atrapado por lo simbólico- habilitando un lugar para la "chifladura" de cada quien.

Institución y política del psicoanálisis

Las instituciones funcionan bajo la égida de lo universal, tienen sus reglas, normas y tiempos que aplican para todos por igual. El discurso del Amo impera. Se trata en su mayoría, de ideales normativizantes que apuntan a reproducir ciertas prácticas orientadas a la restitución a un estado anterior, al restablecimiento de la homeóstasis perdida con la promesa de felicidad, del bien como objetivo a alcanzar. Ofreciendo para ello, tratamientos estandarizados para que todo marche, para que nada interrumpa el orden de las cosas, produciendo como contrapartida el borramiento de la singularidad. El Psicoanálisis, sostiene una reivindicación del derecho al "no como todo el mundo", apuntando la intervención del analista no a querer el bien del paciente sino a propiciar el "bien-decir" y un "saber hacer". Lo que interesa es cómo se anudan la palabra, el cuerpo y lo real.

Ahora bien, podría pensarse que se requiere que un mínimo del "para todos" las instituciones garanticen, para entonces en los intersticios de la misma, el discurso analítico abrirse paso haciendo lugar al uno por uno, al caso por caso.

¿Sufrir depresión o sufrir de-presión?, R. es derivada del Dispositivo de Admisión de un hospital general para iniciar tratamiento por Consultorios Externos. Se presenta a la consulta muy angustiada refiriendo que sufre períodos de depresión y que hace dos semanas no puede salir a la calle porque siente que la gente la mira y esto se le torna insoportable. Las primeras entrevistas transcurren, ella verborrágica, querellante, saltando de un tema a otro y visiblemente desalineada. Refiere haberse producido cortes en el cuerpo durante mucho tiempo y que la idea de suicidio es una constante, aunque no lo piense en dicho momento. En un principio, resulta muy difícil introducir una pausa. Cada intento de historización resulta fallido ante la emergencia del significante depresión que coagula y obstaculiza la posibilidad de una pregunta en torno a la causa. Con el correr de las entrevistas, la paciente puede comenzar a hablar más calmadamente y aparece la novela familiar.

R. está separada y vive con su hija de 12 años arriba de la casa de sus padres, con quienes mantiene una relación muy conflictiva, especialmente con su madre. Relata episodios acontecidos de violencia verbal y física entre ellas, su padre no se mete. Al indagar acerca del motivo que la lleva a consultar ahora, refiere que tiene una discusión con su hija porque ésta quiere salir a la plaza con un chico que le gusta y la paciente no la deja ir sola. Su hija se enoja y le grita "que mala que sos". A partir de ese momento comienza a sentir nuevamente depresión y no puede salir a la calle. Se indaga acerca de cómo es su depresión y cuándo aparece por primera vez, y comenta que a sus 14 años comienza a tener un sentimiento de mucha tristeza y opresión. Sostiene que a esa edad inicia la ruptura entre las enseñanzas infantiles y el querer tener otras libertades. Se señala la relación existente entre lo que acaba de decir y el echo que la lleva a consultar y se da por finalizada la entrevista. Hacer legible su angustia es una apuesta a que pueda comenzar a hablar de aquello que la aqueja, que no queden estos sucesos como hechos aislados, sino que pueda comenzar a armar una trama que le permita ubicar lo propio. Refiere que la relación con su madre a partir de la adolescencia se torna difícil, le exigía mucho, que tenga amigos, que salga, que socialice pero cuando estaba la oportunidad le decía "no, una chica de familia no hace esas cosas", refiere que la sexualidad siempre fue un tema tabú y R. resultaba ser "muy obediente, siempre quería satisfacerla". Resalto el siempre quería satisfacerla, intervención que interrumpiendo el discurso de la paciente lo deja en suspenso sobre una frase, aislándola de cualquier otra. Devolviéndole su propio mensaje en forma invertida, se sitúa su responsabilidad en el desorden del que se queja. En el transcurrir de los encuentros la paciente comienza a referir alivio, la angustia cede. Desde el primer encuentro del sujeto con un analista, será con este que, por su posición de semblante de objeto "a" hará de límite a la deriva subjetiva producida por la voz feroz del superyó. Casi como una confesión dirá "mi miedo siempre fue convertirme en mi vieja, horror de ser como ella", y agrega que cree que sus desbordes siempre tuvieron que ver con eso. Avergonzada refiere "eran muy locas mis reacciones, la loca justiciera", "sufro depresión desde hace mucho tiempo y no entiendo como no consulté antes". Remarco que ella sufre "de – presión", significante que adquirirá un nuevo peso y una nueva resonancia. R. responde que no puede separarse de lo que le dice su madre, que siente la presión de que su madre está ahí escuchando y viendo lo que hace y lo que no, en especial respecto a su hija. A partir del recorte de un significante equívoco, la intervención tiene como efecto la posibilidad de encontrar una nueva significación, situada en relación con la vía materna. Refiere que se quedó pensando en el mandato familiar materno "siempre responder y más vale que sea bien", "las mujeres de la familia son fuertes, soportando estoicamente todo" y lo enlaza a sus dificultades para salir a la calle puesto que pensaba que todos la juzgaban, su modo de responder era peleando creyendo que así era fuerte. Pasa de ser "la justiciera" a encontrar justicia por otras vías (mediación por alimentos con ex pareja - retomando la militancia - participando en una fundación). Relata un sueño: tiene que rendir un examen y no tiene lápiz, cuando consigue el lápiz no tiene silla, cuando consigue la silla no tiene hojas, finalmente decide no rendirlo; de ello dirá que toda su vida fue rendir un examen ante su madre esperando que ésta la apruebe. Agrega que siempre quiso cumplir con el deseo de ésta, pero que no hay nada que le alcance.

A partir de que se ubica un punto de imposibilidad, se hace lugar a la falta, esta madre completa se desvanece y como efecto terapéutico la paciente se alivia. Sin embargo, los efectos no resultan sólo terapéuticos. "Un caso es un caso si testimonia, y lo hace de la incidencia lógica de un decir en el dispositivo de la cura, y de su orientación hacia el tratamiento de un problema real, de un problema libidinal, de un problema de goce…Es preciso además que en eso el sujeto reconozca el lugar que él ha tomado"

R. ya no está deprimida, sino más bien, refiere que a veces se angustia porque no sabe cómo manejar algunas cuestiones, comenzando a desplegarse además cierta pregunta en torno a la feminidad y su relación con los hombres (de hacerse mirar por la madre a hacerse mirar por un hombre).

Dar lugar a la palabra -propiciando los cortes, las puntuaciones de ciertos significantes, los silencios- permite el despliegue de algo de la fantasmática de la paciente, posibilitando que algún sentido singular sobre la sintomática que presenta pueda surgir.

Para R. sufrir "de-presión" ya no es un nombre universal, sino más bien, queda ligado a las exigencias maternas y a la posición que la paciente asume ante ellas.

Entonces, orientado por lo real del síntoma el practicante del psicoanálisis de la orientación lacaniana sostiene, en presencia, una escucha que ofrece un tiempo y un espacio para aquel que perdió sus referencias, sabiendo que no hay de antemano una respuesta estandarizada.

El encuentro con un analista abre la posibilidad - en un recorrido singular, en un tiempo que no es cronológico sino lógico- de cercar un trozo de real.

La invitación a hablar, diga lo que se le ocurra, bajo la premisa de no comprender del lado del analista y dejando el saber del lado de aquel que consulta habilita a la invención de un nuevo tratamiento del padecer.

Y como esta invitación se da en el marco de una institución hospitalaria, cabe mencionar cuál es la posición del analista frente a las normas de ésta, qué uso se hace de ellas que le posibilitan sortear la discontinuidad que existe entre el acto analítico y las normas y reglas establecidas por la institución. En este entrecruzamiento de discursos no se trata de renegar de lo institucional, sino mas bien de saber hacer con eso."Si uno piensa orientarse por las reglas está perdido, tiene que orientarse por el hecho de que, por supuesto, están las reglas, pero hay que saber hacer con eso, para después actuar conforme al interés del sujeto que sufre y viene a consultar" . En este sentido, la posición del analista dentro de la institución no es la de desconocer la norma, pero tampoco la de su aplicación automática. Frente a esta tensión entre lo singular del sujeto y el ideal universalizante de la institución hospitalaria, aparece el psicoanálisis como reverso del discurso amo que hace lugar a la excepción, de manera que, se trata más bien de adaptar el reglamento al caso vez por vez.

De esta manera, "el abordaje del trabajo en instituciones es demostrar que el psicoanálisis cura en la medida en que permite testimoniar que un sujeto no se puede re-identificar del todo a una clasificación, debido a que siempre queda algo... hay efectos positivos cuando uno toca lo irreductible del síntoma, su singularidad".

Llegó el momento de concluir... el psicoanálisis finalmente *"es un sesgo práctico para sentirse mejor"*.

Bibliografía

- Belaga, G. *La práctica del psicoanálisis en el hospital*, Grama ediciones, Bs As, 2015.
- Delgado, O. *"Psicoanálisis y salud mental"*, en El Sigma http://www.elsigma.com/site/detalle.asp?IdContenido=5654, 2004.
- Freud, S. Nuevos caminos de la terapia analítica. *Obras Completas* T. XII, Amorrortu editores, Buenos Aires, 2007.
- Miller, J. A. Hacia PIPOL 4 - *Contexto y apuestas del Encuentro - Textos fundamentales*. 2004, http://ea.eol.org.ar/04/es/template.asp?lecturas_online/textos/miller_hacia_pipol.
- Miller, J. A. *El otro que no existe y sus comités de ética*, Ed. Paidós, Bs As, 2005.
- Miller, J. A. "Psicoanálisis puro, psicoanálisis aplicado, psicoterapia" en Freudiana *Revista de Psicoanálisis* https://www.freudiana.com/psicoanalisis-puro-psicoanalisis-aplicado-y-psicoterapia/.
- Miller, J. A. *"Cosas de finura en psicoanálisis"*, curso del 19/11/2008. Inédito.
- Lacan, J. Psicoanálisis. *Radiofonía & Televisión*, Ed. Anagrama, Barcelona.
- Lacan, J. *Escritos 2*, Siglo Veintiuno Ediciones, México, 1975.
- Lacan, J. *Escritos 1*, Siglo Veintiuno Ediciones, México, 1983.
- Lacan, J. *Seminario Libro 24: L'insu que Sait de l'une–bévue s'aile à mourre*. Inédito.
- Laurent, E. *La clínica analítica hoy. El síntoma y el lazo social*, Grama ediciones, Bs.As, 2009.
- Laurent, E. *Psicoanálisis y Salud Mental*, Editorial Tres Haches, Bs. As, 2014.
- Lipovetsky, G. *Los tiempos hipermodernos*, Ed. Anagrama, Barcelona, 2008.

Vanina Ciampa

Licenciada en Psicología (U.B.A)

Especialista en Psicología clínica con Orientación Psicoanálitica. (U.B.A)

Miembro titular de la Asociación Argentina de Salud Mental. Vocal del Capítulo: El impacto de la época en los cuerpos. (AASM).

Ex - concurrente del Servicio de Salud Mental Hospital Central de San Isidro.

E-mail: vanicont@yahoo.com.ar

Consideraciones clínicas de un proceso de integración escolar

Eduardo Pellegrini

> *"(...)la sociedad, en efecto,*
> *tiene que hacerse*
> *cargo, como una de sus más importantes*
> *tareas pedagógicas, de domeñar la pulsión*
> *sexual cuando aflora como esfuerzo por*
> *reproducirse, tiene que restringirla y*
> *someterla a una*
> *voluntad individual que sea*
> *idéntica al mandato social(...)"*
> S. Freud

Introducción

A partir de la invitación de pensar la clínica bajo la enseñanza de Lacan, propongo compartir la reseña del trabajo que realicé (a lo largo de cinco meses) en un Centro terapéutico, con Roberto y su madre, Norma. O con Norma, y su hijo Roberto. Desde la primera entrevista, se evidenció la tensión que pendulaba entre la madre y el joven; quedando éste alienado en la demanda estereotipada de su madre que, en su padecimiento, reclamaba por la normalidad de su hijo. M. Mannoni (1984,14) escribe que *"el genio de Freud consiste en haber sabido discriminar que el problema fundamental no era en realidad la confrontación de Juanito con lo real, sino su enfrentamiento con un orden de dificultades no resueltas en ambos padres."*

Roberto tenía 15 años cuyo diagnóstico médico era Síndrome de Down. Cuando lo conocí, cursaba quinto grado en una escuela privada de educación común, bajo la figura de *"alumno en integración"*. La escuela, decidió no renovar su vacante por no haber alcanzado los objetivos pedagógicos esperados, y sugirió una continuidad en modalidad de taller laboral o escuela post- primaria.

Norma llegó a la entrevista inicial solicitando "terapia de apoyo" para su hijo. Comentó con gran preocupación la angustia que le causaba el futuro incierto del joven. Roberto no había sido aceptado en un colegio "post-primario" dado su bajo nivel cognitivo. Si bien estaba en tratativas con otra institución; ésta, luego de una serie de entrevistas, realizaría una evaluación diagnóstica para determinar su nivel cognitivo y considerar así, el grado al que Roberto debía asistir.

Esta madre entendía que la complicación de su hijo eran las matemáticas. En su opinión, por ser un poco vago y distraído, las dificultades quedaban más expuestas. "Se equivoca, es como si hubiera olvidado todo" Opinó que, si Roberto pudiera practicar cuentas o, si yo le enseñara a jugar ajedrez, "eso le vendría muy bien". Creía que le posibilitaría, por un lado, aprobar el examen y también, participar de un juego que practicaban sus compañeros. Planteaba una demanda que exigía incorporar tanto conocimientos escolares como develar la incógnita de su destino.

Norma no consultó con su hijo ni llegó a preguntarse, si Roberto, acordaba en la elección de su nueva escuela. Sostenía: "No quiero que mi hijo vaya a una escuela para discapacitados." *Piera Aulagnier escribe en La violencia de la Interpretación que "la actividad del pensamiento (la capacidad simbólica del niño) confirma el éxito o el fracaso de la función materna."* Dicha confirmación, no hace más que enfrentar a la madre ante su propia falta. Su narcisismo se veía comprometido. Entendía que el futuro del joven (y el propio) se desmoronaba con este cambio en el campo escolar. Veía amenazado su ideal de progreso en las manifiestas imposibilidades de Roberto; como dijo Mannoni (1984, 38) que *"es la palabra del adulto la que lo habrá de marcar y determinará las modificaciones ulteriores de su personalidad (…), no es* nunca un acontecimiento de por sí real " este joven, tenía el futuro comprometido al no adecuarse a la exigencia que la sociedad demanda a través del Otro escolar (Recordemos, el joven debía dejar la escuela común por no alcanzar los objetivos pedagógicos)

Frente a este despliegue insinué una pregunta: si no pudo alcanzar los objetivos planteados, ¿por qué no repite el grado? ¿Acaso con otros chicos no harían lo mismo? La madre no atinó a cuestionar la arbitraria decisión. En cambio, responsabilizó a Roberto: "Es inteligente, pero vago, quiere jugar todo el día con cualquier pavadita". Pregunté si tenía establecido un horario de juego. Dijo: "Estoy sola, el padre no cuenta. Si lo dejo jugar, no lo saco más".

Un recuerdo, quizá suscitado por la introducción de la interrogación en el relato materno, produjo una apertura, mediante la emergencia de un recuerdo: "Ya en primer grado me dijeron de las dificultades de Roberto…pero me aconsejaron seguir con la integración porque en estos chicos es muy importante estimular lo social. Algo pasó, esto no es justo," señaló Norma. J .Lacan (1994, 344) *"No se trata sólo de hablar, sino de hablarle a alguien. En la observación encontramos más de una indicación de esta clase, cuando Juanito manifiesta su sensación de fecundidad, favorecida por el hecho de que al fin al cabo tiene con quién hablar. Sería asombroso que no nos diéramos cuenta de que lo precioso y lo eficaz del análisis es esto. "* Norma reconoció que hubo maestras que le tuvieron mucha paciencia y que los compañeros lo cuidaban bastante. Comentó que Roberto trabajaba con su maestra integradora en la biblioteca. Ahí aprendía matemáticas, lengua, y algunas asignaturas como sociales y naturales. Junto a sus compañeros, compartía ciertos módulos de algunas de las materias especiales y las dos horas semanales de catequesis. Aclaró que la escuela adoptó esa medida porque su hijo "es inquieto, repite con cierta insistencia elevando el tono de voz, buscando hacerse entender; perjudicando así el ritmo de la clase con su conducta disruptiva."

Tomé noticia, tras la entrevista, por medio de la maestra integradora de la especificidad de la simplificación curricular y la reducción del material de estudio con el que trabajaba Roberto, ya que sus posibilidades cognitivas no superaban las de un chico de primer grado. Se hizo evidente la dificultad manifiesta del joven en poder captar tanto la dinámica de la clase como la didáctica empleada, que, lejos de integrarlo a los saberes compartidos, lo excluía de todo intercambio posible. Excepcionalmente, sus compañeros lo buscaban para jugar o lo participaban de alguna travesura. Llamativamente, no utilizaba el mismo baño que la escuela asignaba a los varones, ya que para los alumnos "en integración" las autoridades disponían el uso del baño de profesores, "para cuidarlos."

¿Era preciso que Roberto aprendiera a jugar ajedrez para realizar una actividad con sus compañeros después de compartir cinco años?

Fue indispensable que le explicara a Norma que yo no enseñaba matemáticas. Pero sostuve que me parecía pertinente su pedido. Que era muy probable que Roberto requiriera de apoyo en esa vertiente.

En un primer recorte de los dichos de la madre leí su primera demanda: "jugar." Reestablecer así con la función del juego el espacio que lo cause a la caza de sus propios significantes en el desfiladero del deseo. Elsa Coriat (2006, 247) plantea: *"mi manera de entender las palabras de Freud acerca de que el juego convierte en activo lo que se ha sufrido pasivamente, es la siguiente: el juego es el escenario en el que el niño se apropia de los significantes que lo marcaron"* De ser así, resultaba necesario, ofrecer el lugar vacío de una escucha para que el joven bocetara quizá una demanda con sus letras.

Un debate

Fue luego de esta breve experiencia, junto a otras, me plantearon ciertos interrogantes y algunas posibles respuestas acerca de la conveniencia y condiciones en que se plantean algunos procesos de integración escolar para sujetos con discapacidad.

A partir del año 2000 creció con fuerza la idea, políticamente correcta, de que la integración escolar para "niños con necesidades especiales", sería el medio válido para situarlos en un plano de igualdad, en cuanto a condiciones y posibilidades, junto al resto de la sociedad. Es sin dudas, un ofrecimiento que restituye la utopía posible: Somos todos iguales. Se creó así un nuevo objeto de consumo: "la integración escolar". Dicho objeto sensibiliza a los padres de sujetos con discapacitados en la ilusión de que la normalidad es un estado posible. Es el mismo objeto que da por sentado que la diferencia, lo que falta o no funciona, es un estado indeseable que se puede y debe reparar. Entonces aparece el ideal en su estatuto macabro. Quien será el encargado de nombrar todo lo que al Sujeto le falta. En este contexto nacieron las integraciones escolares, adaptables y comparables al ideal de turno. Queda claro que coincidir con un grupo de personas bajo un mismo techo, no garantiza, la creación de vínculos interpersonales. Lo que nos lleva a interrogar en este ámbito es ¿qué tipo de integración es aquella que no facilita que sus miembros interactúen? La existencia de estos planteos normalizantes y conservadores, sostenidos en una promesa de restitución narcisista de aquello que no funciona, excluyen de cualquier posición deseante al joven que pretenden incluir.

¿Se puede pensar una integración, en este caso escolar, sin tener en cuenta valores y pautas de comportamiento, sin considerar el lugar y el tiempo para encarar un proceso de adaptación, sin suponer la cooperación de los integrantes, omitiendo los lógicos y esperables conflictos que cualquier proceso de esta índole pudiera generar? ¿O integrar solo se trata de completar con aquello que falta?

¿No sería acaso una excelente oportunidad para que una comunidad educativa pusiera en juego su capacidad de tolerancia a las diferencias y su posibilidad de transformación? ¿No sería un estupendo aprendizaje?

"Estos logros", ¿son acaso el resultado de una política social que se remonta a los orígenes de la educación en argentina? Los sucesivos intentos de integrar al diferente a la vida escolar, por no extenderlo al conjunto social, no lograron desenquistar la política de normalización que se implantó desde el origen del sistema educativo argentino, formulado con un claro y perverso objetivo de control social. *Adriana Puiggrós, Sujetos, disciplina y curriculum en los orígenes del sistema educativo argentino* (1885 – 1916), ubica en Rodolfo Senet, (pedagogo, investigador experimental, estudioso de la criminología infantil e influyente de los destinos de la educación argentina), a quién llevó a la vida escolar la carcelaria ecuación adaptado/delincuente. Que derivó en las equivalencias:

indisciplina=delincuencia=enfermedad y
buena conducta=adaptación=salud.

Actuó como uno de los responsables (1996,11) *"de la persistencia de un modelo profundamente represivo en la concepción educativa de la clase dominante argentina"* Continúa Puiggrós citando a Senet: (1996,11) *"que en la escuela debe establecerse una selección de niños buenos y si para algunos, todo procedimiento de corrección hubiera fracasado, eliminarlos para evitar la contaminación de los demás: se sacrificará a uno, por la salud de todos."*

Lejos de fomentar una política tolerante, receptiva a resolver los conflictos grupales que la convivencia ocasiona, o de mantener en pie el ofrecimiento de "estimular lo social", la comunidad educativa se mostró reaccionaria a toda conducta de Roberto que se desfasara de la norma. Escribe Maud Mannoni (1984,246) que *"Los descubrimientos del pedagogo (...) están situados siempre del lado de lo que el niño no logra hacer. Conviene prestar atención a lo que el niño aporta cuando el adulto no lo espera."*

El conflicto, el síntoma del malestar, quedaba a cargo en el caso en consideración de la maestra integradora; tanto en lo referente a la responsabilidad del aprendizaje de Roberto como en la posibilidad de ser incluido como sujeto deseante ante la escuela como institución social y sus compañeros. Aunque con su potencial enlentecido a la hora de resolver operaciones intelectuales. Es seguro que no era en la biblioteca donde Roberto estimularía sus habilidades sociales. Las mismas son aprehendidas en el mismo juego de la interacción. Escenario en el que se intercambian saberes que devienen productivos.

El recorte Clínico

Roberto llegó a la primera sesión acompañado de su madre. El joven lucía prolijo, se destacaba su peinado con gel y el brillo de sus zapatos. Entró al consultorio y saludó tímidamente. Roberto, con su tablero de ajedrez bajo el brazo, se dirigió al escritorio y se acomodó en una silla. En silencio, serio y realizando la demanda del Otro materno que sabe, *Revista Fort-da* 2001 número 4 *"Función materna atrapante: que ofrece el espacio de narcisización necesario para la catectización del pensamiento del niño, pero con la imposición de la renuncia, por parte de él, de un espacio propio que marque una distancia que la madre se niega a perder"*, desplegó las piezas de ajedrez sobre el tablero y las dispuso al modo en que se las ubica como si fuéramos a jugar a las damas, y esperó. Mientras me sentaba en el escritorio, introduje una cuestión: no sé jugar ajedrez. El silencio posterior fue extenso, Roberto revoleó sus ojos como si buscara una respuesta. Y agregué: *"Che voui? ¿qué me quieres?"* Lacan (2002, 775). que puse en juego como: *"Roberto, ¿qué querés hacer?"* La oferta estaba hecha. Dado que el síntoma incluye al sujeto y al Otro se trataba de, en ese primer intervalo, apuntalar en mi no saber, la posibilidad de la emergencia de una propuesta del sujeto, ajena quizá al cliché transferencial que Roberto traía consigo. El joven miraba y sonreía, buscando ayuda. Tomando la cita de Lacan (2008,313) *"...¿por qué vía entra el excremento en la subjetivación? Y bien, esto está del todo claro en las referencias analíticas o, al menos en primera instancia, parece del todo claro por intermedio de la demanda del Otro representada en este caso por la ma-*

dre." Siguiendo a Freud (1925-26) *"el síntoma es el sustituto de una no lograda satisfacción instintiva, un resultado de la represión"* se trataría entonces que Roberto encuentre una nueva satisfacción pulsional que, al separarlo del Deseo Materno, lo instale en una cultura del intercambio. Permaneció sentado y en silencio. Recorrió con la mirada cada rincón del consultorio; se detuvo cuando ubicó el cajón con juguetes. Se acercó y revolvió hasta encontrar un objeto. Tímidamente saco un mazo de cartas.

Apoyó las cartas sobre el escritorio y propuso jugar al "culo sucio." Apenas lo dijo largó una risotada. Repetía "culo sucio culo sucio" dejando evidenciar la ganancia de placer que le causaba. El juego, aquello que se desplegó se trató de un descarte sin anclaje necesario de acuerdo a las habituales reglas del juego. Aceptó introducir ciertas reglas que permitieron ordenar lo caótico del descarte inicial. Luego, terminamos sentados sobre la alfombra fabricando con las cartas y unas fichas de dominó, unas construcciones que Roberto llamó: casas, "son casas". Mientras las sesiones transcurrían, se repetía sin variar la secuencia: el juego del culo sucio y el armado de casas. Si por alguna causa yo alteraba el orden de la serie, rápidamente Roberto corregía y lo reestablecía "Un descuido" permitió que algunas variaciones dieran lugar a nuevos movimientos: con las mismas cartas y fichas de dominó, pasamos a construir edificios e incluimos muñecos (con los nombres de sus vecinos), y pudimos armar pequeñas historias de personas que pelean, se mudan, compran chocolate, se visitan y van a misa (como Roberto y su madre). Los edificios también se caían y debíamos rescatar a los vecinos y volver a construir sus casas.

Las sesiones transcurrieron y los juegos variaron. "Este chico es un caso, -dijo Norma sorprendida y risueña una tarde que Roberto entró al consultorio con una regla en la mano para usarla de micrófono- ¡ahora quiere cantar!" Algo del orden de la separación en Roberto volvía a escribir, cantar una canción (melodía) que le gusta al padre. No pude descubrir qué canción tarareaba, aunque lo sopesé en tanto se trataba de una construcción que evocaba a un padre, un corte en el discurso. Ahora Roberto quería cantar, no jugar ajedrez. Lacan (2002, 590) *"A medida que desarrolla un análisis, el analista tiene que vérselas sucesivamente con todas las articulaciones de la demanda del sujeto. Pero además no debe responder ante ella sino de la posición de la transferencia."* La serie de juegos se sucedían, escondidas, pelota al cesto (de basura) y fútbol. Él era Boca y yo San Lorenzo. Más tarde eligió el jugador preferido del padre: Palermo. Una mañana, a causa de una demora, tuvo que esperarme unos minutos. Al buscarlo, abrazado a otro paciente del Centro comenta "él es mi nuevo amigo, Pedro, va a jugar con nosotros". El deseo aparece en el resquicio que la demanda no alcanza a satisfacer.

Siguiendo a Lacan, E. Coriat (2006, 191) escribe que *"sabemos que es el Otro quien escribe el cuerpo del infans. Antes de esa escritura, el cuerpo es un organismo viviente. Va a ser por efecto de la escritura del significante que advendrá el Sujeto, que esa nada cobre vida y se sostenga. Mientras que la deficiencia mental es una variable pasible de ser determinada desde lo orgánico-biológico con que se nace, la estructuración del aparato psíquico es contingente. Acontece a posteriori. Depende del lugar que el Otro le otorga al recién llegado".*

Roberto cambió sus robóticos movimientos por divertidas carreras.

Unos meses más tarde, a instancias de la maestra integradora me enteré que Roberto había aprobado el examen de nivelación y había ingresado a la escuela; (para ese momento la madre del joven había interrumpido el tratamiento por dificultades horarias) y que también tenía novia. La salida de la díada hacia el ámbito social era posible; es decir, el transito que va desde la "catectización del pensamiento" a un encuentro con otros, (compartir un tiempo y un espacio de juego) para construir casas, cantar las canciones del padre, hacerse de un amigo, buscar una novia) lo ubica como semejante en un proyecto que lo incluye.

En su retorno a Freud, Lacan reubica al inconsciente en el centro de la teoría como el objeto de estudio del psicoanálisis; que no es otro que recuperar la naturaleza revolucionaria del saber que no se sabe, articulado esta vez como un lenguaje. Con el cuerpo teórico de la originalidad freudiana, articuló saberes (lingüística, antropología, filosofía, matemáticas) que privilegiaron por vía de la palabra el acceso al inconsciente. Diferenciándose de los modelos teóricos del momento, donde el hombre ocupaba a través del Yo, el centro de sí mismo como fuente del saber. No se tratará entonces de conductas. Se tratará de eso que no se sabe, de un malestar latente que no cesa de ser dicho a la espera de las palabras que lo nombren. Nos queda a los psicoanalistas alojar esa demanda en una espera que no se responde.

Referencias

Aulagnier, P. (1984) *La violencia de la interpretación*. Amorrortu.

Coriat, E. (2006) *El psicoanálisis en la clínica de bebés y niños pequeños*. De la campana.

Freud, S. (1978) 20a conferencia: La vida sexual de los seres humanos. En *Obras Completas*. Vol. XVI, pp. 277-291. Amorrortu.

Freud, S. (1980) Inhibición, síntoma y angustia. En *Obras Completas*. Vol. XX Amorrortu.

Lacan, J. (1994) *El Seminario. Libro IV. La relación de objeto*. Clase 20. Paidós.

Lacan, J. (2005) *El Seminario. Libro X. La angustia*. Clase 23 Material de Estudio.

Lacan, J. (2002) La dirección de la cura y los principios de su poder. En *Escritos 2*, pp. 559- 590 615. Siglo Veintiuno Editores.

Lacan, J. (2002) Subversión del sujeto y la dialéctica del deseo en el inconsciente freudiano. En *Escritos 2*, pp. 755-788. Siglo Veintiuno Editores.

Manonni, M. (1984). *El niño, su enfermedad y los otros*. Paidos

Puiggrós, A. (1996) *Sujetos, disciplina y currículum en los orígenes del sistema educativo argentino*. Galerna.

(Schlemenson-Wettengel-Alvarez), *Revista Fort Da* Nro 4, Agosto 2001

Eduardo Pellegrini

Lic. En Psicología UBA, Psicoanalista.
Desarrollo actividades en clínicas en instituciones de Salud Mental y atención en consultorio de jóvenes y adultos en CABA.

Lo abierto y el desamparo.
Una lectura de Heidegger a Lacan

Rafael Silva

Una de las genialidades que pueden reconocerse en relación a Lacan es su vinculación con diferentes saberes, tanto de su época como de autores pretéritos, cuyas teorizaciones le sirvieron para poder mostrar su recorrido teórico y clínico, principalmente Freud. Como el mismo Lacan (1980) lo planteó en la Conferencia de Caracas: "Sean ustedes lacanianos, si quieren. Yo soy freudiano" . En sus escritos y seminarios podemos observar el diálogo constante con otras disciplinas y con diferentes recorridos; argumentando, articulando, produciendo nuevos saberes o contraponiendo. Es de gran solidez el aporte que realizó en relación a la fundamentación del psicoanálisis actual, partiendo siempre desde el ámbito clínico, con la mirada puesta en el sujeto, sin aislarlo de lo social, sino que en la misma conceptualización de sujeto se encuentra planteado lo social indivisiblemente.

El sujeto, en esta perspectiva Lacaniana, desde su constitución ha tenido que construirse desde diferentes ámbitos que conformarán su existencia; esto incluye tanto las elecciones que en su insondable decisión tiene que asumir, la mayor de las veces sin poder recular, como también su propio cuerpo, que no es más que una construcción libidinal. En todo ello, cada experiencia subjetiva marcará pauta de lo que será su propio aparato psíquico, donde armará unos complejos sistemas que pondrán en funcionamiento su ser, desde lugares inimaginables, siempre con la presencia del Otro, campo donde el sujeto se funda.

Entre las disciplinas dialogantes con el psicoanálisis lacaniano se encuentran las matemáticas, la poesía, la antropología, la lingüística, la filosofía. Está última es una de las disciplinas con las que Lacan entra en articulación constante, de la que comenta en L'Etourdit (1972) tienen una "fraternidad en el decir".

En este capítulo se planteará una lectura de lo Abierto y el desamparo, de Heidegger a Lacan. Éste último acude a las reflexiones heideggerianas sobre la estructura y la temporeidad del *Dasein* (concepto distintivo de la reflexión de Heidegger). Lacan construye su planteo sobre la base de una interpretación propia del análisis existencial del Dasein, vinculado a Heidegger, en el cruce del lenguaje -logos- y la verdad -aletheia-. López (2011) plantea en "Lo Fundamental de Heidegger a Lacan" que la relación lacaniana con este filósofo es más bien tácita, ya que no se encuentran muchas referencias directas a los conceptos heideggerianos. De hecho cuando utiliza el concepto de Dasein, lo hace en referencia al objeto (a), "ironía antiheideggeriana", cómo la denomina López. Sin embargo, es una referencia obligatoria al pensar ¿por qué Lacan? ya que aproxima al lector a la visualización de la profundidad en el proceso articulatorio reflexivo que realiza Lacan al momento de conceptualizar, en este caso la Constitución del Sujeto.

Ausencia de Fundamento

Lo *Abierto* es un tema fundamental en Heidegger que atraviesa toda su obra desde el "Ser y Tiempo" (Heidegger, 1998), pero que cobra especial énfasis en la conferencia "¿Y para qué poetas?" (Heidegger, 1996), debido al carácter poético con el cual el Último Heidegger replanteará el tema de lo abierto, interrogando a la poesía sobre este asunto, ya que para el lenguaje poético será el único capaz no de explicar, sino de habitar al ser. Lo abierto vendrá así a constituir la "verdad del ser", que en la filosofía griega se encontraba enmarcada como la "Aletheia", como ocultamiento y desocultamiento que lleva a la verdad del ser o Dasein, como "nombre capital del ser del hombre", según Heidegger (1998).

Heidegger inserta el tema de lo *abierto* en esta conferencia haciendo referencia a los tiempos de "penuria" de la época, debido a la falta de Dios, que se enlaza al planteo de Nietzsche "Dios ha muerto". Introduce la temática poéticamente, con la analogía de la carencia de fundamento en el mundo por la falta del esplendor mismo de la divinidad; mostrando que con esta falta "el mundo queda privado del fundamento como aquel que funda. Abismo significa originalmente suelo y fundamento hacia el que, por estar más abajo, algo se precipita"(Heidegger, 1996, pág. 242).

Esta cita permite pensar en torno a la llegada del hombre a ese mundo, que es en indigencia de fundamento, como característica esencial del advenimiento en el mismo; no hay un proyecto natural definido para el ser humano, se encuentra en situación de desprotección, no se está constituido como un ente cerrado, sino más bien abierto. Más aún, antes de convertirse en un ente, ya está en dependencia a Otro que viene a capturarlo con el lenguaje. Pero este Otro no le da un fundamento, le da un nombre que no es de él, nombre en lugar de fundamento y en este sentido le otorga un falso ser. Por ello, la cita anterior también permite volver en torno a ese "Abismo", cuyo significado es justamente "ausencia de fundamento", que se encuentra como suelo, agujero fundante y hacia el cual se arroja.

Desamparo Estructural

El desamparo es un término Freudiano nombrado *Hilflosigkeit,* en sentido del estado originario del sujeto, referido a lo abierto en su ser arrojado al mundo. Freud emplea este término alemán a la par de desvalimiento psíquico y de indefensión, afirma que es "la incapacidad de ayudarse a sí mismo psíquicamente"(Freud, 1933). Está apoyado en la vivencia de dolor – satisfacción planteada en el "Proyecto de psicología para Neurólogos" (Freud, (1950 (1895))). Se refiere a la *imposibilidad* de realizar una acción eficaz y con coordinación para la satisfacción de sus necesidades, un estado de dependencia de la omnipotencia del Otro (ya del acto) que llegue a rescatarlo o no. Pensado en términos de lo abierto, es una imposibilidad (de realizar una acción o de definición…), pero que a su vez introduce la posibilidad de posibilidades, de hacer algo, de pasar al acto cuando aún no se está preparado, algo de la "certidumbre anticipada" lacaniana, o de lo que Heidegger llama "arriesgados", no protegidos (Heidegger, 1996, pág. 252).

Si bien este hecho de "arrojarse" es un elemento fundante, según como lo plantea Heidegger, fundante del Dasein, también es cierto que no es único ni excluisivo de la constitución del mismo, sino que pareciera convertirse en un continuo (siguiendo a Lacán) que se repetirá constantemente. Donde se presenta alguna situación en la cual el sujeto es convocado a ese estado de desamparo, de desprotección, de carencia de fundamento, pareciera producirse un efecto angustiante similar al de estar ante el "Riesgo" que lo deja nuevamente perplejo, sin recursos.

Sujeto y Campo del Otro

Si bien el lenguaje que le proporciona el Otro se convertirá en "su morada", el lugar donde habitará, también lo confirma en ese lugar de ex-sistencia, estar por fuera, vive en el campo del lenguaje, pero éste no le es propio, allí siempre va a ser extranjero, debido a que no es un lenguaje de suyo, viene del Otro, que si se lee en términos de desamparo, se podría pensar en ese lenguaje que lo dice, incluso antes de nacer, lo dice con un nombre, unas expectativas, un deseo anterior al sujeto, y también ajeno. De ahí que lo más propio del hombre será, paradójicamente, su apertura. No existe un adentro, el hombre ex-siste, está por fuera, no de algo, sino un afuera absoluto, porque tampoco hay un adentro. "En el ser ahí, anida la temática del exilio, del que no está en su propia casa, pero que tampoco tiene una casa propia que añorar" (López, 2011, pág. 91). A esto Heidegger lo llamará "Aperidad extásica del Dasein". De no haber esta carencia inicial en la condición de "arrojado al mundo", entonces se cerraría el ser y habría un fundamento, como en los animales. Esta condición de apertura es lo que inscribe la "posibilidad" como nombre del Dasein, ya que no se tiene un hacia dónde ni un para qué. Es una posibilidad siempre de algo más, una posibilidad en la imposibilidad de una acción específica que lo defina y que lo cierre.

Es por ello que para Lacan el sujeto no es en sí mismo, es en relación al Otro y es cada vez que habla y su deseo está inscripto en el Otro, como lugar donde está instalada la palabra, como el lugar de la verdad. Heidegger lo plantea en términos de una "relación transcendental potenciada. El hombre no es antes de la relación, pues se constituye en ella. Fuera de ella no se puede hablar de hombre en cuanto hombre"(Cruz Vélez, 1985, págs. 200 - 201). Hay un sujeto porque está en relación a un saber, a una verdad y suponer un sujeto es darle entidad a ese "decir" fundante, "... el deseo del hombre es el deseo del Otro, donde el <de> da la determinación llamada por los gramáticos subjetiva, a saber la de que es en cuanto Otro como desea" (Lacán, (1998), 1979, pág. 794), en términos subjetivos es en cuanto Otro que el sujeto desea, pero también del Otro y hacia el Otro.

Que el sujeto adviene en el campo del Otro es planteado por Lacan tempranamente y sostenido en su intento de teorizar sobre la constitución subjetiva. El recién nacido antes de llegar a este mundo es nombrado con un conjunto de palabras, de significantes, con las que es aguardado, es esperado por el Otro del lenguaje, un registro simbólico que no es aún el Otro del acto. Y es la estructura misma del significante la que coloca en escena al sujeto, funda al sujeto y le da el lugar. Esta "relación del sujeto con el significante (...) es primordial y constituyente tanto en la instauración de la experiencia analítica como en la función radical del inconsciente""...el sujeto es el sujeto del significante –determinado por él–" (Lacán, 1964).

Lo Abierto en Heidegger y Lacán

Existen diversos puntos de encuentro entre Lacan y Heidegger, aunque no todo Lacan está dicho por el segundo; también existen puntos divergentes, que son evidentes, primeramente ya por el hecho de que son dos formas de pensamiento diferentes (filosofía y psicoanálisis). Pero es en este tema de lo abierto donde radica la principal deuda con el filósofo, ya que es justamente esto lo que le permite a Lacan plantearse la "apertura del sujeto al campo del Otro del lenguaje. Esta apertura despeja el camino hacia la imposibilidad que ella misma engendra: que el ser pueda ser identificado como una categoría sustancialista del ente" (López, 2011, pág. 79).

En Lacan lo abierto va tomando diferentes matices, desde El Seminario 3 cuando replica este concepto con las "hiancias del ser", pasando por el seminario 5, donde la primacía de lo simbólico pareciera acrecentarse hasta tal punto que se establece una especie de dependencia fundamental al Nombre del Padre, en la que las posibilidades del sujeto se cierran a los límites de los significantes paternos. Hasta sus últimos seminarios, desde el 21, pero más concretamente con el seminario 23, donde Lacan se acerca más a la creación de algo diferente del nombre del Padre, que se encuentra más en sintonía con algo novedoso, propio, "se va acercando cada vez más a una teorización y una práctica dirigidas hacia <lo abierto> como lo más propio, como el cuidado (Sorge), en un sentido cercano a Heidegger" (Ibid. Pág. 124).

Es a partir de esta categoría de lo abierto, de este ser arrojado, en el cual es recibido por el Otro del lenguaje, que el sujeto va a surgir en el registro Real que le es propio al viviente, pero permaneciendo irreductible a esos significantes (Lacan, 1958). Allí se superpone el registro real sobre el simbólico que lo aguarda. "Este efecto simbólico se inscribe en el hiato producido entre el cuerpo y su goce" (Lacán, 1969 , pág. 116). Sobre estos dos registros se superpone también el imaginario, sin que hagan cadena borromea, donde se sitúa una primera falla, esa carencia de fundamento heideggeriana, un desanudamiento de los tres registros que debían estar anudados pero lo que hay es una falla. Por ello lo abierto es un elemento fundante, que toca algo previo a la constitución misma del sujeto, cercano a esa vivencia de dolor fundante, de desprotección, cuando es arrojado el viviente al mundo. "La marca misma introduce en el goce la huella con hierro candente de la que resulta la pérdida" (Ibid. pág. 111).

Planteado en estos términos, es posible que sea en este momento en el cual se podría situar al desamparo estructural, como imposibilidad del viviente de valerse por sí mismo, como falto de recursos, abierto a un mundo al cual es arrojado sin estar preparado.

Lo novedoso de Lacan

Pensado en término de la clínica nodal, lo abierto como lo más propio se ubica en lo impropio, en un registro Simbólico (el lenguaje, el habla) que lo aguarda, sin estar anudado que genera angustia, tal vez con un registro imaginario que apenas tiene consistencia, porque el encuentro superpuesto principal pareciera estar entre lo real y lo simbólico. "Lo simbólicamente real, es lo que de lo real se connota en el interior de lo simbólico, es la angustia"(Lacan, 1977. Seminario 24). Lacan también plantea al respecto: "La verdad tiene que ver con lo real y lo real está doblado, si se puede decir, por lo simbólico" (Lacán,1977. Seminario 25).

Esta última cita también introduce la verdad en relación a lo Real, que es también a lo que se llega al final de análisis, en el momento de concluir, una verdad que va más allá de lo dicho, lo cual pareciera ser una actualización de la huella constituyente del sujeto, que está en relación necesaria a lo abierto, que se reproduce final de análisis y en cada escena traumática de desprotección, indefensión que recupera aquélla.

Acá se hace presente una de las diferencias de Lacan y Heidegger. Para el primero, la verdad no está en relación a un saber que se desoculta, como propone Heidegger, sino que es un saber incompleto, al que le falta al menos un significante, pero además no se enmarca en un decir, en una "conversación". Para Lacan no es del orden del decir, la verdad no puede ser dicha, se refiere a lo real del goce, que conlleva, empuja, insta al acto, a forjar algo en el ámbito de lo nuevo, que refleja la verdad "... qué es decir lo verdadero sobre lo verdadero? (...) seguir a la huella lo real, lo real que no consiste, que no existe, sino en el nudo" (Lacan, 1976 , pág. 144), el nudo como forma de escribir lo real, lo novedoso que funda el sujeto ante eso que se encuentra abierto, desempalmado.

Esto novedoso se trata del sinthome, de la "posibilidad" como producción del Otro ya que allí se constituye, del fantasma, de lo que anuda, como respuesta ante la carencia de fundamento, al desamparo. El acto quizá, entonces, se puede presentar acá tanto en la respuesta del sujeto ante el desamparo estructural inicial que lo constituye como tal, así también en el paso de inicio de análisis, como en lo abierto que se presenta en el fin de análisis, donde ha caído el significante fundante y es necesario crear algo nuevo, en línea con el sinthome. Esto puede estar en relación a lo que plantea López de "Lo abierto, más lejos que el padre" (López, 2011, pág. 119), ya que si bien lo abierto funda al sujeto, lo abierto también es posibilidad de ir más lejos que el padre, sin prescindir del mismo, lo cual puede traducirse como crear, producir algo dentro del ámbito de lo novedoso que vaya en relación con lo propio, algo que implica "saber hacer con el síntoma", armarse un sinthome, que sea diferente de los significantes constituyentes.

Lo abierto, entonces vendría a constituir, tanto desprotección, desamparo, como ese estar abierto que crea, que funda, que inicia algo nuevo, una posibilidad de; que no se encuentra estandarizada ni determinada, sino que se trata de un significante nuevo que el sujeto se arma, sin prescindir totalmente del nombre del padre, sino valiéndose de él, desatando ciertas ataduras al mismo, lanzándose a lo real (como cuando es arrojado al mundo), en donde "las insignias paternas no pueden servir ya de referencia única" (Ibid. Pág. 135).

Bibliografía

Cruz Vélez, D. (1985). *Filosofía sin supuestos. De Huserl a Heidegger.* Buenos Aires: Sudamericana.

Freud, S. ((1950 (1895))). Proyecto de psicología. *En Obras completas. Vol I.* (2012). Buenos Aires: Amorrortu.

Freud, S. (1933). Conferencia 32. Angustia y vida pulsional. En *Obras Completas. Vol. XXII.* (2012). Buenos Aires: Amorrortu.

Heidegger, M. (1996). ¿Y para qué poetas? En M. Heidegger, *Caminos del bosque.* Madrid: Alianza.

Heidegger, M. (1998). *Ser y Tiempo.* Santiago de Chile: Universitaria.

Lacan, J. (1969). *Seminario XVI. De un Otro al otro.* (2008). Bueno Aires: Paidós. 2008

Lacan, J. (1972). L'étourdit. En *Autres écrits.* París: Du Seuil. 2001

Lacan, J. (1977). *Seminario 24. L´insu que sait de l´une-bevue s´aile à mourre.* Versión Inédita.

Lacan, J. (1977). *Seminario 25. Momento de Concluir.* Versión Inédita.

Lacan, J. (1958). *Seminario 6. El deseo y su interpretación.* (2015). Buenos Aires: Paidós.

Lacan, J. (1964). *Seminario 11. Los Cuatro Conceptos fundamentales.* (2013). Buenos Aires: Paidós. .

Lacan, J. (1976). *Seminario 23. El Sinthome.* (2013). Buenos Aires: Paidós .

Lacan, J. (1979). *Escritos II.* (1998). México: Siglo XXI.

López, H. (2011). *Lo fundamental de Heidegger en Lacán.* Buenos Aires: Letra Viva.

Rafael Silva

Psicoanalista Venezolano, radicado en Argentina, Lic. En psicología, mención Clínica de la UAM (Venezuela). Reválida de la Lic. En Psicología hecha en la UBA. (Argentina). Tesista de la Maestría en Psicoanálisis de la UBA. Bacaurelato en Filosofía de la UPSR (Roma). Docente de la UPEL (Venezuela). Revisor de textos académicos. Escritor de trabajos publicados en revistas internacionales. Autor y facilitador de cursos y talleres. Supervisor Clínico. Conferencista internacional. Tutor escolar de jóvenes y adolescentes. Docente en escuelas y universidades. Con formación y trayectoria en las áreas de género, diversidad y discapacidad. Especialista en gestión educativa.

E-mail: rafaelsilvapsicologo@gmail.com

Cuarenta años no sin Lacan: "Hacia un porvenir freudiano en el campo lacaniano"

Ignacio Orga

Nos encontramos, puesto que la lectura de estas letras lo posibilitan, para replantearnos la situación del psicoanálisis hoy, a cuarenta años de la muerte de Lacan, ¿qué hay del porvenir del campo lacaniano en los tiempos que corren?

"Nada peor que creerse despierto si el inconsciente nos enseña que no se sueña sólo cuando se duerme" [1]. La debilidad mental de la cual no podemos exceptuarnos, porque de "la enfermedad mental que es el inconsciente no se despierta" [2], conlleva la imposibilidad en la que *los no incautos yerran,* porque al degradar la incertidumbre en suposiciones se sumergen en creencias de las cuales liberarse se hace difícil.

Todo gira en torno a la relación del sujeto a lo real, he aquí lo que el análisis con Freud ubica en la función de la verdad. Existen las necesarias y contingentes.

Las verdades necesarias son aquellas bajo la cual la existencia se sigue de la esencia. Leibniz plantea que como "a Dios pertenece el Existir de un modo esencial" [3] , de modo que la existencia de Dios es una verdad necesaria. Ahora bien, *la psicopatología de la vida cotidiana,* muestra que no hay más verdad que lo que se cree verdadero, Uno puede creer en cosas falsas, lo que no excluye a que esto tenga consecuencias verdaderas en lo real de la vida de quien la soporta. Es por esta razón que si bien, "no hay verdad que, al pasar por la atención, no mienta", Lacan añade que "esto no impide a que uno corra detrás" [4].

El psicoanálisis es un *encamina-miento,* que pone en cuestión la fixión del analizante al punto del (des)engaño. Al menos, eso se esperaría de un psicoanalista. Camino que no es sin resistencias puesto que, tal como Freud sugiere en *Duelo y melancolía*, "el hombre no abandona gustoso ninguna de las posiciones de su libido, aun cuando les haya encontrado ya una substitución" [5]. Ante los engaños a los cuales la neurosis se aferra, tras alguna sacudida, aparece un cierto "no quiero saber nada de eso" [6]. Por esta razón, "no hay medio para hacer otra cosa que recibir de un psicoanalista lo que molesta a su defensa", de cuestionar las *fixiones* que *fixionan* la *fixión*. Aquí se pone de manifiesto las resistencias del analista.

Hay números, aquellos que llamamos redondos, que, la debilidad mental nos lleva a la idea de redondez, de perfección, pero, a decir verdad, nada redondean. Y, si lo hacen, se pincha rápidamente. La evidencia lo demuestra y se plasma en la norma freudiana que está en juego al poner como atemporal lo que caracteriza al inconsciente. Giro en redondo, que no excluye preguntarse qué hay del porvenir del psicoanálisis a Cuarenta años no sin Lacan. ¿Qué queda del campo lacaniano en los tiempos sin Lacan o, mejor dicho, no sin Lacan?

El legado lacaniano está en juego en torno a la práctica analítica, es lo que nos atraviesa a nosotros al autorizarnos como analistas, trascendiendo lo especular, aquella imagen que a Uno le devuelve el espejo se dice: "¡soy analista!". Un analista que no se sostiene bajo un recorrido analítico que permita la posibilidad de *hystorizarse* por sí mismo, no es más que lo que se dice vulgarmente "un fantasma". Es por esta razón que Lacan sugiere el pase como puesta a prueba de la *hystœrización* del análisis por medio de "testimoniar lo mejor posible sobre la verdad mentirosa" [7].

Uno se habla solo, se cuenta su propio cuento, que de propio tiene poco, por esta razón, no es sin un recorrido analítico que se abre la posibilidad de hystœrizarse por sí mismo. Pasaje necesario para practicar el psicoanálisis sosteniendo no sin otros, comunidades imposibles.

"Es indispensable que el analista sea al menos dos" [8] puesto que, para tener efectos debe teorizarlos: si algo Freud enseña es que la práctica y la teoría son la misma estofa. A lo largo de todos sus escritos pone en acto cómo el psicoanálisis se reinventa en torno a los obstáculos que aparecen en la práctica, lo que hace indisoluble ambos aspectos. Al menos, es lo que se espera de alguien que se *nhombre* como analista. Ahora bien, si práctica y teoría son dos texturas sin corte, no es en vano servirnos de este número redondo para replantearnos sobre el porvenir del campo lacaniano.

Algunos de los interrogantes se abren en torno a las últimas producciones de Lacan, si fueron su última palabra y cuáles son efectos de las mismas en torno a su pertenencia freudiana. Aquella que la impulsa a afirmar "sean ustedes lacanianos, si quieren. Yo soy freudiano" [9]. Hay puntos controversiales y, a tontas y locas, contradictorios.

Lacan escribe en el *Prefacio a la edición inglesa del Seminario XI* "El psicoanálisis desde que ex-siste, ha cambiado, inventado por un solitario teórico indiscutible del inconsciente" [10] y afirma que "el inconsciente es real, si se me cree" [11], aclarando que ahora se practica en pareja. Ósea, que el psicoanálisis es una práctica que la creó un solitario teórico indiscutible del inconsciente, Freud, quien con su autoanálisis y los obstáculos que se presentaban en la escucha de sus histéricas instauró un discurso que se sostiene transferencia-por: la palabra del analizante y la escucha del analista.

En el Seminario XXIV: *"L'insu que sait de l'une-bévue s'aile a mourre"* Lacan enfatiza que no hay progreso, hasta el punto que "contrariamente a lo que se imagina, la ciencia gira en redondo, y no tenemos razón para pensar que las gentes del sílex tallado tenían menos ciencia que nosotros" [12].

Ahora bien, si el psicoanálisis ha cambiado y, a la par, no hay progreso, ¿qué articulación posible podemos dar al legado de Lacan en torno al descubrimiento freudiano, al cual adhiere su pertenencia? Nada mejor que un poco de topología para saciar el hambre de sentido. Vamos a servirnos de la banda de Moebius, una superficie topológica que se caracteriza porque su recubrimiento es sumergible, tiene una cara y un borde.

Partiremos de la idea de que "el psicoanálisis ha cambiado". Hagamos un poco de cronología: de un lado la enseñanza de Freud, del otro, el transcurso de la enseñanza del maestro francés como dos caras de la misma moneda. Uno recorre por un lado los Estudios sobre la histeria, hasta El yo y el ello; la primera tópica y la segunda; el principio del placer y el más allá. Del otro lado desde el Discurso de Roma hasta las últimas producciones, los últimos seminarios, la Carta de Disolución, el mencionado Prefacio, la Apertura de la Sección Clínica, etc.

Ahora atravesaremos esto a partir de la noción de que "no hay progreso": hagan de esa cinta el recubrimiento de una banda de Moebius. Basta con hacer una semitorsión y juntar los bordes cruzando las enseñanzas. ¿Qué sucede? Observarán de este modo respuestas lacanianas a interrogantes freudianos, a lo que Freud legó Lacan vino a responder.

El *Discurso de Roma* como ubicación del comienzo de la enseñanza de Lacan, en la que introduce sus tres registros, denuncia las desviaciones de los post-freudianos y devuelve al inconsciente su fundamento en tanto no está desligado "de la acción de la palabra en tanto es la que funda al hombre en su autenticidad" [13]. En cualquier parroquia en nombre del maestro francés se habla de ello: la revalorización de la palabra como fundante del parlêtre en torno al descubrimiento freudiano; las propiedades de metáfora y metonimia como modos de dar cuenta las leyes de condensación y desplazamiento; el aforismo "el inconsciente está estructurado como un lenguaje y en medio de su decir produce su propio escrito" [14].

Hasta aquí, nada nuevo, pero, si se remiten al legado de Lacan, momento en el cual nos encontramos ahora, encontramos que las respuestas a las inquietudes inherentes a su enseñanza desembocan en la verdad del inconsciente freudiano. En otras palabras, el campo lacaniano no puede sino desembocar en la verdad del inconsciente freudiano. ¿Cómo interpretar la última palabra de Lacan sin caer por fuera del inconsciente freudiano?

Se sabe que la máxima freudiana *"Wo Es war, soll Ich werden"* [15], a partir de una lectura sesgada derivó en la burda noción de que "el ello es en definitiva el yo malo", degradado el psicoanálisis en una psicología barata que pone en "palabras de la tópica freudiana un contenido del orden de lo que se evalúa en los boletines escolares" [16].

También que, a partir de proponer un posible "domeñamiento de la pulsión" [17], la práctica cayó en una terapéutica imaginaria que implica enseñar a soportar frustraciones, reforzar el yo y domesticar el goce, ofreciéndose el analista en el lugar del ideal. Articulación que Lacan trata de retomar al plantear que "la pulsión, tal como es construida por Freud, a partir de la experiencia del inconsciente, prohíbe al pensamiento psicologizante ese recurso al instinto en el que enmascara su ignorancia por la suposición de una moral en la naturaleza" [18].

La causa freudiana fue la que empujó a Lacan a fundar la escuela. Basta remitirse al Acta de fundación, su objetivo es que "en el campo que Freud abrió, restaure el filo cortante de su verdad – que vuelva a considerar la praxis original que él instituyó con el nombre de psicoanálisis al deber que le toca en nuestro mundo - que mediante una crítica asidua denuncie sus desviaciones y sus compromisos que amortiguan su progreso al degradar su empleo" [19].

Ahora bien, en su "último escrito", la *Carta de disolución* [20], fechada el quinto día del 1980, tiene la misma cita del Acta de fundación. ¿Acaso el motivo de la fundación fue el mismo por el cual debió llevar a cabo la disolución? ¿Fracasó del psicoanálisis en torno al triunfo de la religión? ¿La presencia del maestro hizo de obstáculo a su enseñanza?

Una lectura parcial, en nombre de un posible despertar, deriva ya en los peligros de caer en un psicoanálisis silvestre. Freud afirma que "tales analíticos silvestres perjudican más a nuestra causa que a los enfermos mismos" [21]. Si bien, como ya afirmamos anteriormente, práctica y teoría son indisolubles, las interpretaciones silvestres caen por fuera de ambas, aunque para el maestro vienés la mayor peligrosidad es teórica y tiene sus motivos por así inclinarse.

¿Cómo sostener en el campo lacaniano la verdad del inconsciente freudiano? ¿Cómo sostener la vigencia de esta práctica imposible a *Cuarenta años no sin Lacan?* ¿Qué es este inconsciente real si no hay progreso? Si "no basta con decir que el psicoanálisis es imposible, ya que eso no excluye que se lo practique" [22], razón por la que Lacan afirma que no es más que una "estafa", ¿qué quiere decir esto? ¿cómo deslizarse en la estafa sin ser verdaderamente estafadores?

Lacan introduce, a partir de los textos freudianos lo real. Lo real es su respuesta sintomática a la hipótesis freudiana del inconsciente. Ahora bien, ¿qué es lo real?

Lo real es lo imposible. ¿Qué es lo imposible?

Lo imposible, contrariamente a lo que se cree, no es lo impensable. Lo imposible es lo que no es verdadero nunca mientras que lo impensable es lo que no es verdadero, en determinadas circunstancias. Es lo que sucede en unos mundos y no en otros. De modo que lo impensable es lo que hace que algunos sucesos sean traumáticos.

Para Freud la defensa opera ante representaciones inconciliables con el yo, pero la cuestión que caracteriza a un suceso como traumático, no es tanto lo inconciliable con el resto de las representaciones, sino el nexo que tiene con lo reprimido primordial, en tanto bordea lo imposible.

Si no es lo impensable, en tanto que este se deriva de las suposiciones del mundo determinado por la realidad psíquica de cada quien que soporta su inconsciente, retomo la pregunta: ¿Qué es lo imposible? ¿Cómo podemos entenderlo? Lo imposible es lo imposible lógico, lo que nos lleva directamente tocarle la puerta a nuestro querido Aristóteles.

Aristóteles da a entender, en lo que concierne a las *derivaciones modales,* que para entender un modo se lo puede articular con otro. Es así que plantea a lo necesario, lo que es verdadero, es lo que no es posible que no sea. Es en esta derivación donde la negación trasluce lo que la escucha analítica ubica bajo la rúbrica de superyó: lo que se muestra del discurso analizante como lo que no es posible que no sea no es más que el enmascaramiento de una *fixión* necesaria.

Fixión de necesidad que, en relación a la verdad, la neurosis la degrada a la mera creencia, la suposición. Es donde se funde la relación de la neurosis a la religión, la dimensión del engaño soporta amistad con el inconsciente, aunque "no hay allí amistad que a ese inconsciente lo soporte" [23]. Es lo que se muestra tras la demanda, que hay un padeci-miento. Lo interesante de la *fixión* es en nombre de Dios, aunque él huye. Por eso "el goce es lo que no sirve para nada" [24].

Los místicos ponen de manifiesto cómo el amor de Dios es opuesto al apego a yo. En otras palabras: "Allí donde el hombre, en obediencia, sale de su yo y se deshace de lo suyo, justamente allí Dios, a su vez, debe entrar por fuerza; pues cuando alguien no quiere nada para sí, Dios tiene que querer en su lugar, de la misma manera que para Él mismo" [25]. Donde no quiero para mí, Dios quiere en mi lugar.

Es lo que plantea San Agustín: "Al leal servidor de Dios no se le antoja que le digan o den lo que le gustaría escuchar o ver; pues su anhelo primero y más elevado consiste en escuchar lo que más le gusta a Dios" [26]. Entonces, todo padecimiento neurótico es vano, lo que no exceptúa su necesariedad.

Lo necesario es lo que es y será verdadero, de ahí que etimológicamente se deriva en el hecho de que lo necesario no cesa de ser verdadero, y todo lo verdadero es posible. Si lo necesario es lo que no es posible que no sea y, viceversa, lo posible es lo que no es necesario que no sea, ¿qué lugar ubica la proposición contraria de lo posible, puesto que lleva impuesta su negación bajo el prefijo *im*, o contradictoria de lo necesario, puesto que su sola articulación da cuenta de invariantes?

Aristóteles propone entre lo necesario y lo imposible, las proposiciones contradictorias, una relación de virtualidad. Afirma al respecto que "lo imposible se corresponde con lo necesario, al tener la misma virtualidad; pues, si es imposible que sea la cosa en cuestión, es necesario, no que sea, sino que no sea; y, si es imposible que no sea, es necesario que la cosa en cuestión sea, de modo que, si bien aquellas "expresiones se siguen" a partir de la contraria, ya que lo necesario y lo imposible significan lo mismo, pero, como ya se ha dicho, de manera inversa" [27].

¿Qué es lo imposible? Lo que es necesario que no sea.

¿Qué es lo que es necesario que no sea?

Freud plantea que en el inconsciente no opera el principio de contradicción, es necesario que este principio que afirma "es falso que es verdadero que una afirmación coexiste con su contraria", no opere, lo que hace de necesaria la propiedad imposible de coexistencia de dos afirmaciones antagónicas.

He aquí lo que incumbe al Otro. El psicoanálisis desde que *ex-siste* se funda en la convicción de la existencia del inconsciente como una premisa legítima y necesaria que, a partir del desconocimiento del campo simbólico en el legado freudiano, Lacan lo retoma como como discurso del Otro. Pero, al final de su enseñanza afirma que el Otro no existe. ¿Cómo plegar ambas nociones?

Hay que tener cuidado con esto porque si planteamos que "el inconsciente es el discurso del Otro que no existe" podemos profesar que el inconsciente no existe, lo que nos deslizaría hacia un porvenir del campo lacaniano, desligado del inconsciente freudiano, degradando al psicoanálisis no en una estafa, sino convirtiendo analistas en estafadores.

Si la premisa de la existencia del inconsciente es legítima y necesaria, el inconsciente como discurso del Otro que no existe, nos revela lo que Lacan postula como el Uno se habla solo y que, como el Otro no existe, "del Otro no se goza más que mentalmente" [28]: los neuróticos tienen facilidad para suponer, *fixionar* las *fixiones* bajo el engaño que soporta el fantasma en torno a la realidad, no sin obstáculos para desenvolverse en lo real de la vida que, si se me permite, no va mucho más lejos que "saber hacer en el amor y el trabajo"[29].

Que el inconsciente es el discurso del Otro que no existe es lo que Lacan formula con el Uno que habla solo, en la medida que está sobredeterminado por lo que es para cada quién

lalangue. He aquí que se ubica la noción del trauma: *apre(he)
nder lalangue* en tanto se pone el juego "la relación con un
deseo que no sea anónimo" [30].

Claro es que ocupar un lugar en el Otro va a depender
del Otro y qué lugar ofrece. Sabemos que hay Otros y Otros,
como lugares y lugares. En la *Conferencia de Ginebra* sobre
el Síntoma, Lacan es esclarecedor al decir: "los padres mode-
lan al sujeto en esa función que titulé como simbolismo. Lo
que quiere decir, estrictamente, no que el niño sea el principio
de un símbolo, sino que la manera en que le ha sido instilado
un modo de hablar, no puede sino llevar las marcas del modo
bajo el cual lo aceptaron los padres" [31].

El lugar que el niño vino a ocupar, cómo fue aceptado,
cómo le hablaron, deja sus marcas. En la clase del 14 de
diciembre de 1976, Lacan pregunta: "¿La cadena del inconsciente se detiene en la relación de los padres? ¿Es, sí o no,
fundada esta relación del niño a los padres?" [32].

"El inconsciente es el sedimento de un lenguaje" [33], son
estas palabras y modos de hablar que le instilan al niño. No
se puede ignorar la atemporalidad del inconsciente en tanto
la práctica analítica no se sostiene si no es por soportar la
machaconería: que, más allá de que un viejo analista esté can-
sado de que todo lo que el analizante dice se engulle en el más
chato parentesco, en el consultorio nos encontramos con un
sujeto que habla. Habla de sus padres, qué sus padres, cuándo sus
padres, cómo sus padres, dónde sus padres y por qué sus padres,
ya que son ellos quienes les han transmitido *lalangue*.

Ahora bien, como toda lengua, por estructura está fallada: lo
simbólico no recubre lo real, en el inconsciente hay un agujero,
algo que está más allá de los padres. Si bien la cadena del inconsciente se detiene en relación a los padres, Freud ubica aquí el
complejo de Edipo, hay un más allá.

A ese más allá de los padres Freud lo denominó *Urverdrän-
gung* y precisó que no era aprehensible por significantes, pero
servía de resorte para la represión propiamente dicha. Es lo
que se pone en juego en tanto el Otro existe por el mismo
hecho de no existir, que en el mismo punto que el Otro existe,

lo que se enmascara detrás del baño del lenguaje es su propia inexistencia. Es en esta paradoja que se pone en juego lo que incumbe al Otro a partir de la insensibilidad de contradicción.

"Que se diga queda olvidado tras lo que se dice en lo que se oye" [34] es la fórmula que constituye el inconsciente en tanto sedimento del lenguaje, esto es, de los dichos del Otro, que no van, por más que quede olvidado detrás de lo que se escucha, sin decir. He aquí la relación entre el inconsciente y la pulsión: la hipótesis auxiliar, tal como Freud la menciona, implica que no hay representaciones sin monto de afecto. Lacan dice que "la charlatanería lleva la palabra al rango de babear o de espurrear" [35], hecho por el cual, detrás de la transmisión de lalangue, lo que está en juego es la *libidinización*.

Detrás de los dichos del Otro, no está más que su decir, que vela su propia inexistencia en tanto que no hay Otro del Otro, sino que el Otro no existe si no es por su deseo: detrás de las demandas del Otro, lo que se enmascara es el deseo del Otro como el velo de su propia inexistencia. Es el motivo por el cual "el inconsciente no tiene cuerpo más que de palabras" [36] y se sostiene, detrás de lo expresable, por un vacío.

Entonces, si bien es necesario tener claro que el Otro no existe, es un recorrido analítico el que lo pone como conclusión de un análisis *après coup*.

Lacan dice que el psicoanálisis es una estafa. Y no hay que tomárselo al pie de la letra. Él dice que nuestra práctica no es más estafa que la misma poesía, la cual se sostiene en el doble sentido, lo que quiere decir, que se funda en el más allá del sentido común, que, dicho sea de paso, poco tiene de común más que en la dimensión del engaño. Es una estafa que pone en juego la *fixión* de una *fixión*.

Si bien, "en relación al sentido, se guarece lo real" [37], tal como Lacan define la relación de exclusión entre el calce entre lo imaginario y lo simbólico en torno a lo real, "la idea de que no hay real sino lo que excluye toda especie de sentido es exactamente lo contrario a nuestra práctica, pues nuestra práctica nada en la idea de que no solamente los nombres, sino las palabras simplemente tienen su alcance" [38].

Entonces: ¿qué es lo real? "Lo real con el que el análisis se enfrenta es un hombre al que hay que dejar hablar" [39].

Referencias:

1 ORGA, Ignacio: *El inconsciente real y sus relaciones con la verdad mentirosa*. Ricardo Vergara, Buenos Aires, 2020, p. 13.

2 LACAN, Jacques: *El Seminario. Libro 24: "L´insu..."*. Clase del 17/05/77. Inédito.

3 LEIBNIZ, Gottfried Wilhelm: "De la contingencia", en *Escritos teológicos y religiosos*. Gredos, Madrid, 2012, p. 389.

4 LACAN, Jacques: "Prefacio a la edición inglesa del Seminario XI", en *Otros escritos*. Paidós, Buenos Aires, 2012, p. 599.

5 FREUD, Sigmund: "Duelo y melancolía", en *Obras completas*, Tomo II. Ed. Biblioteca Nueva, Madrid, 1996, p. 2092.

6 LACAN, Jacques: *El Seminario. Libro 20: "Aun"*. Clase del 21/11/72. Ed. Paidós, Buenos Aires, 1989, p. 9.

7 LACAN, Jacques: "Prefacio a la edición inglesa del *Seminario XI*", en *Otros escritos*. Paidós, Buenos Aires, 2012, p. 601.

8 LACAN, Jacques: *El Seminario. Libro 22: "R.S.I."*. Clase del 10/12/74. Inédito.

9 MILLER, Jacques Alain: *Escisión. Excomunión. Disolución*. Ed. Manantial, Buenos Aires, 1987, p. 264.

10 LACAN, Jacques: "Prefacio a la edición inglesa del *Seminario XI*", en *Otros escritos*. Paidós, Buenos Aires, 2012, p. 599.

11 Ibíd.

12 LACAN, Jacques: *El Seminario. Libro 24: "L´insu..."*. Clase del 14/12/76. Inédito.

13 LACAN, Jacques: "Discurso de Roma", en *Otros escritos*. Ed. Paidós, Buenos Aires, 2012, p. 149.

14 La cita textual es: "Que Freud diga que el sueño es un rebus no me hará desistir un solo instante de afirmar que el inconsciente está estructurado como un lenguaje. Solo que es un lenguaje en medio del cual apareció su escrito". LACAN, Jacques: *El Seminario. Libro 18: "De un discurso que no fuera del semblante"*. Clase del 10/03/71. Ed. Paidós, Buenos Aires, 2009, p. 82.

15 Cita textual: "Hemos de conceder que los esfuerzos terapéuticos del psicoanálisis han elegido un punto análogo de ataque. Su propósito es robustecer el yo, hacerlo más independiente del super-yo, ampliar su campo de percepción y desarrollar su organización, de manera que pueda apropiarse de nuevas partes del ello. Donde era ello, ha de ser yo". FREUD, Sigmund: "Nuevas lecciones introductorias al psicoanálisis. Conferencia XXXI: Disección de la personalidad psíquica", en *Obras completas, Tomo III*. Ed. Biblioteca Nueva, Madrid, 1996, p. 3145.

16 LACAN, Jacques: "El psicoanálisis. Razón de un fracaso", en *Otros escritos*. Paidós, Buenos Aires, 2012, p. 363.

17 FREUD, Sigmund: "Análisis terminable e interminable", en *Obras*

completas, Tomo III. Ed. Biblioteca Nueva, Madrid, 1996, p. 3344. En la bibliografía citada Freud menciona "domesticación del instinto". El autor realizó una modificación acorde a otra traducción por cuestiones de estilo.

18 LACAN, Jacques: "Del trieb de Freud y del deseo del psicoanalista", en *Escritos II.* Siglo veintiuno editores, Buenos Aires, 1988, p. 830.

19 LACAN, Jacques: "Acta de fundación", en *Otros escritos.* Paidós, Buenos Aires, 2012, p. 247.

20 LACAN, Jacques: "Carta de disolución", en *Otros escritos.* Paidós, Buenos Aires, 2012, p. 237.

21 FREUD, Sigmund: "El psicoanálisis silvestre", en *Obras completas, Tomo II.* Ed. Biblioteca Nueva, Madrid, 1996, p. 1574.

22 LACAN, Jacques: *El Seminario. Libro 19: "...o peor".* Clase del 08/03/72. Ed. Paidós, Buenos Aires, 2014, p.114.

23 LACAN, Jacques: "Prefacio a la edición inglesa del *Seminario XI*", en *Otros escritos.* Paidós, Buenos Aires, 2012, p. 599.

24 LACAN, Jacques: *El Seminario. Libro 20: "Aun".* Clase del 12/12/72. Ed. Paidós, Buenos Aires, 1989, p.11.

25 ECKHART, Meister: "De la verdadera obediencia", en *Tratados y sermones.* Ed. Las Cuarenta, Buenos Aires, 2013, p. 108.

26 SAN AGUSTÍN: *CONFESIONES. 1.* X. c 26 N.37.

27 ARISTÓTELES: "Sobre la interpretación", en *Tratados de lógica.* Ed. Gredos, Barcelona, 2007, p. 328.

28 LACAN, Jacques: *El Seminario. Libro 19: "...o peor".* Clase del 08/03/72. Ed. Paidós, Buenos Aires, 2014, p. 110.

29 "Amar y trabajar" son las palabras que Freud articuló al ser interrogado en 1939 sobre qué era una persona sana, madura e integrada en la sociedad.

30 LACAN, Jacques: "Nota sobre el niño", en *Otros escritos.* Paidós, Buenos Aires, 2012, p. 393.

31 LACAN, Jacques: "Conferencia en Ginebra sobre el Síntoma", en *Intervenciones y Textos 2.* Ed. Manantial, Buenos Aires, 1991, p. 124.

32 LACAN, Jacques: El Seminario. Libro 24: "L´insu...". Clase del 14/12/76. Inédito.

33 LACAN, Jacques: "Palabras sobre la histeria", en *El Seminario. Libro 24: "L´insu...",* Conferencia dictada en Bruselas el 26/02/77. Inédito.

34 LACAN, Jacques: "El Atolondradicho", en Otros escritos. Paidós, Buenos Aires, 2012, p. 473.

35 LACAN, Jacques: *El Seminario. Libro 25: "Momento de concluir".* Clase del 10/01/78. Inédito.

36 LACAN, Jacques: "Palabras sobre la histeria", en *El Seminario. Libro 24: "L´insu...",* Conferencia dictada en Bruselas el 26/02/77. Inédito.

37 LACAN, Jacques: "La Tercera", en *Intervenciones y textos 2.* Ed. Manantial, Buenos Aires, 1991, p. 103.

38 LACAN, Jacques: *El Seminario. Libro 24: "L´insu...".* Clase del 08/03/77. Inédito.

39 LACAN, Jacques: "Discurso de Roma", en *Otros escritos.* Ed. Paidós, Buenos Aires, 2012, p. 151.

Ignacio Orga, Analista

Músico, psicoanalista y escritor argentino. Se formó como analista en la Escuela Freudiana de Buenos Aires. Asimismo, tomó como referencia las lecturas realizadas en los cursos con Germán García en el Centro Descartes.

Dictó cursos y seminarios en Argentina y en el extranjero, afines a la última enseñanza de Lacan y la pertenencia freudiana que no cesa de escribirse en los postreros años del maestro francés. Actualmente sostiene grupos de estudios de manera remota con participantes de diversos países.

Escritor de "El inconsciente real y sus relaciones con la verdad mentirosa" (Ed. Ricardo Vergara)

En su práctica y transmisión sostiene un trabajo que "en el campo que Freud abrió, restaure el filo cortante de su verdad – que vuelva a considerar la praxis original que él instituyó con el nombre de psicoanálisis al deber que le toca en nuestro mundo que mediante una crítica asidua denuncie sus desviaciones y sus compromisos que amortiguan su progreso al degradar su empleo". Objetivo que invita a mantener.

E-mail: ignacio.orga@gmail.com

Impreso en Buenos Aires, en el mes de octubre de 2021
Producción gráfica Ricardo Vergara
E mail: edicionesvergara@gmail.com